U0509744

圖書在版編目（CIP）數據

乘槎筆記 /（清）斌椿撰．出洋瑣記 /（清）蔡鈞撰
．-- 北京：文物出版社，2023.3
（海上絲綢之路基本文獻叢書）
ISBN 978-7-5010-7262-0

Ⅰ．①乘… ②出… Ⅱ．①斌… ②蔡… Ⅲ．①外交史
－史料－中國－清後期 Ⅳ．① D829

中國國家版本館 CIP 數據核字（2023）第 026405 號

海上絲綢之路基本文獻叢書

乘槎筆記·出洋瑣記

撰　　者：〔清〕斌椿　〔清〕蔡鈞
策　　劃：盛世博閱（北京）文化有限責任公司

封面設計：鞏榮彪
責任編輯：劉永海
責任印製：張道奇

出版發行：文物出版社
社　　址：北京市東城區東直門内北小街 2 號樓
郵　　編：100007
網　　址：http://www.wenwu.com
經　　銷：新華書店
印　　刷：河北賽文印刷有限公司
開　　本：787mm×1092mm　1/16
印　　張：11.5
版　　次：2023 年 3 月第 1 版
印　　次：2023 年 3 月第 1 次印刷
書　　號：ISBN 978-7-5010-7262-0
定　　價：90.00 圓

本書版權獨家所有，非經授權，不得複製翻印

總緒

海上絲綢之路，一般意義上是指從秦漢至鴉片戰争前中國與世界進行政治、經濟、文化交流的海上通道，主要分爲經由黄海、東海的海路最終抵達日本列島及朝鮮半島的東海航綫和以徐聞、合浦、廣州、泉州爲起點通往東南亞及印度洋地區的南海航綫。

在中國古代文獻中，最早、最詳細記載『海上絲綢之路』航綫的是東漢班固的《漢書·地理志》，詳細記載了西漢黄門譯長率領應募者入海『齎黄金雜繒而往』之事，書中所出現的地理記載與東南亞地區相關，并與實際的地理狀况基本相符。

東漢後，中國進入魏晋南北朝長達三百多年的分裂割據時期，絲路上的交往也走向低谷。這一時期的絲路交往，以法顯的西行最爲著名。法顯作爲從陸路西行到印度，再由海路回國的第一人，根據親身經歷所寫的《佛國記》（又稱《法顯傳》）一書，詳細介紹了古代中亞和印度、巴基斯坦、斯里蘭卡等地的歷史及風土人情，是瞭解和研究海陸絲綢之路的珍貴歷史資料。

隨着隋唐的統一，中國經濟重心的南移，中國與西方交通以海路爲主，海上絲綢之路進入大發展時期。廣州成爲唐朝最大的海外貿易中心，朝廷設立市舶司，專門管理海外貿易。唐代著名的地理學家賈耽（七三〇～八〇五年）的《皇華四達記》記載了從廣州通往阿拉伯地區的海上交通『廣州通海夷道』，詳述了從廣州港出發，經越南、馬來半島、蘇門答臘島至印度、錫蘭，直至波斯灣沿岸各國的航綫及沿途地區的方位、名稱、島礁、山川、民俗等。譯經大師義净西行求法，將沿途見聞寫成著作《大唐西域求法高僧傳》，詳細記載了海上絲綢之路的發展變化，是我們瞭解絲綢之路不可多得的第一手資料。

宋代的造船技術和航海技術顯著提高，指南針廣泛應用於航海，中國商船的遠航能力大大提升。北宋徐兢的《宣和奉使高麗圖經》詳細記述了船舶製造、海洋地理和往來航綫，是研究宋代海外交通史、中朝友好關係史、中朝經濟文化交流史的重要文獻。南宋趙汝适《諸蕃志》記載，南海有五十三個國家和地區與南宋通商貿易，形成了通往日本、高麗、東南亞、印度、波斯、阿拉伯等地的『海上絲綢之路』。宋代爲了加强商貿往來，於北宋神宗元豐三年（一〇八〇年）頒布了中國歷史上第一部海洋貿易管理條例《廣州市舶條法》，并稱爲宋代貿易管理的制度範本。

元朝在經濟上採用重商主義政策，鼓勵海外貿易，中國與世界的聯繫與交往非常頻繁，其中馬可·波羅、伊本·白圖泰等旅行家來到中國，留下了大量的旅行記，記録元代海上絲綢之路的盛況。元代的汪大淵兩次出海，撰寫出《島夷志略》一書，記録了二百多個國名和地名，其中不少首次見於中國著録，涉及的地理範圍東至菲律賓群島，西至非洲。這些都反映了元朝時中西經濟文化交流的豐富内容。

明、清政府先後多次實施海禁政策，海上絲綢之路的貿易逐漸衰落。但是從明永樂三年至明宣德八年的二十八年裏，鄭和率船隊七下西洋，先後到達的國家多達三十多個，在進行經貿交流的同時，也極大地促進了中外文化的交流，這些都詳見於《西洋蕃國志》《星槎勝覽》《瀛涯勝覽》等典籍中。

關於海上絲綢之路的文獻記述，除上述官員、學者、求法或傳教高僧以及旅行者的著作外，自《漢書》之後，歷代正史大都列有《地理志》《四夷傳》《西域傳》《外國傳》《蠻夷傳》《屬國傳》等篇章，加上唐宋以來衆多的典制類文獻、地方史志文獻，集中反映了歷代王朝對於周邊部族、政權以及西方世界的認識，都是關於海上絲綢之路的原始史料性文獻。

海上絲綢之路概念的形成，經歷了一個演變的過程。十九世紀七十年代德國地理學家費迪南·馮·李希霍芬（Ferdinad Von Richthofen，一八三三～一九〇五），在其《中國：親身旅行和研究成果》第三卷中首次把輸出中國絲綢的東西陸路稱爲『絲綢之路』。有『歐洲漢學泰斗』之稱的法國漢學家沙畹（Édouard Chavannes，一八六五～一九一八），在其一九〇三年著作的《西突厥史料》中提出『絲路有海陸兩道』，蘊涵了海上絲綢之路最初提法。迄今發現最早正式提出『海上絲綢之路』一詞的是日本考古學家三杉隆敏，他在一九六七年出版《中國瓷器之旅：探索海上的絲綢之路》中首次使用『海上絲綢之路』一詞；一九七九年三杉隆敏又出版了《海上絲綢之路》一書，其立意和出發點局限在東西方之間的陶瓷貿易與交流史。

二十世紀八十年代以來，在海外交通史研究中，『海上絲綢之路』一詞逐漸成爲中外學術界廣泛接受的概念。根據姚楠等人研究，饒宗頤先生是中國學者中最早提出『海上絲綢之路』的人，他的《海道之絲路與昆侖舶》正式提出『海上絲路』的稱謂。選堂先生評價海上絲綢之路是外交、貿易和文化交流作用的通道。此後，學者馮蔚然在一九七八年編寫的《航運史話》中，也使用了『海上絲綢之路』一詞，此書更多地限於航海活動領域的考察。一九八〇年北京大學陳炎教授提出『海上絲綢之路』研究，并於一九八一年發表《略論海上絲綢之路》一文。他對海上絲綢之路的理解超越以往，且帶有濃厚的愛國主義思想。陳炎教授之後，從事研究海上絲綢之路的學者越來越多，尤其沿海港口城市向聯合國申請海上絲綢之路非物質文化遺産活動，將海上絲綢之路研究推向新高潮。另外，國家把建設『絲綢之路經濟帶』和『二十一世紀海上絲綢之路』作爲對外發展方針，將這一學術課題提升爲國家願景的高度，使海上絲綢之路形成超越學術進入政經層面的熱潮。

與海上絲綢之路學的萬千氣象相對應，海上絲綢之路文獻的整理工作仍顯滯後，遠遠跟不上突飛猛進的研究進展。二〇一八年厦門大學、中山大學等單位聯合發起『海上絲綢之路文獻集成』專案，尚在醖釀當中。我們不揣淺陋，深入調查，廣泛搜集，將有關海上絲綢之路的原始史料文獻和研究文獻，分爲風俗物産、雜史筆記、海防海事、典章檔案等六個類别，彙編成《海上絲綢之路歷史文化叢書》，於二〇二〇年影印出版。此輯面市以來，深受各大圖書館及相關研究者好評。爲讓更多的讀者親近古籍文獻，我們遴選出前編中的菁華，彙編成《海上絲綢之路基本文獻叢書》，以單行本影印出版，以饗讀者，以期爲讀者展現出一幅幅中外經濟文化交流的精美畫卷，爲海上絲綢之路的研究提供歷史借鑒，爲『二十一世紀海上絲綢之路』倡議構想的實踐做好歷史的詮釋和注脚，從而達到『以史爲鑒』『古爲今用』的目的。

凡例

一、本編注重史料的珍稀性，從《海上絲綢之路歷史文化叢書》中遴選出菁華，擬出版數百册單行本。

二、本編所選之文獻，其編纂的年代下限至一九四九年。

三、本編排序無嚴格定式，所選之文獻篇幅以二百餘頁爲宜，以便讀者閱讀使用。

四、本編所選文獻，每種前皆注明版本、著者。

五、本編文獻皆爲影印，原始文本掃描之後經過修復處理，仍存原式，少數文獻由於原始底本欠佳，略有模糊之處，不影響閲讀使用。

六、本編原始底本非一時一地之出版物，原書裝幀、開本多有不同，本書彙編之後，統一爲十六開右翻本。

目録

乘槎筆記　二卷　〔清〕斌椿　撰　清光緒《鐵香室叢刊續集六種》刻本……………………一
出洋瑣記　不分卷　〔清〕蔡鈞　撰　清光緒《鐵香室叢刊續集六種》刻本…………………一〇三

乘槎筆記

乘槎筆記

一卷

〔清〕斌椿 撰

清光緒《鐵香室叢刊續集六種》刻本

錢香室叢刻

續集六種

光緒紀元之二十四年春

溧州宋煇漢署

乘槎筆記　斌椿
使西紀程　郭嵩燾
使東述畧　何如璋
出洋瑣記　蔡鈞
滬游勝記　黃楙材
日本記游　已君氏

乘槎筆記
光緒丁酉冬

汭陽李氏鏡香室本

地爲球體環日而行與五星同故五星皆地球也日居其位不動與三垣二十八宿諸恒星同故諸恒星皆日也日有若干地球環之則垣宿諸星每星亦必有若干地球環之以近推遠理當然也此說非西士所創也大雄氏所云三千大千世界蓋即指此已自周迄今二千餘年自天竺至歐羅巴五萬餘里而其說若合符節信有徵矣然而五星之世界目能望而見之身不能往而遊之也至垣宿諸世界遠極而隱心能億而知之目且不能望而見之矣而吾人所處之地球所有四大洲大小數百島舟車所通固不難往而遊也雖然遊必有福舉天下之人其足跡有不出一郡者矣有不出一邑者矣甚者有終身不出里

巷者矣適百里者宿舂糧適千里者三月聚糧又或婚嫁未畢
或民社羈身茫茫禹跡能徧歷者有幾人哉又况九州之外數
萬里之遙隔以大海浩汗杳冥巨浪如山有望洋而歎者矣即
曰不畏風濤視險若夷而中外限隔例禁綦嚴苟無
使命雖懷壯志徒勞夢想耳故曰遊必有福郎中斌君友松少
壯宦遊足跡半天下一旦奉
命往歐羅巴訪覽政教風俗遂得遊數萬里之外所歷十餘國
皆開闢以來中國之人從未有至者各國君臣無不殷勤延接
宴會無虛日宮庭園囿皆特備車騎令縱驩覽斌君之遊福可
謂大矣于是斌君凡身之所至目之所見排日記之既恭錄進

是又刻以行世令讀其書者亦若身至之而目見之也然則斌君非獨一人遊率天下之人而共遊之也我聞修普賢行者能以神通力徧入大千世界又聞慧業文人多自佛門中來斌君殆華嚴會中人昔修普賢行今現宰官身者耶宜其遊福之超越尋常萬萬也

同治八年冬十月海甯李善蘭序

乘査筆記卷上

長白斌　椿友松

同治五年正月初八日總理各國事務衙門行知斌椿奉
命往外國遊歷采訪風俗飭將所過地方山川形勢風土人情詳細記載繪圖貼說帶回中國以資印證等因

初十日各國使臣赴總署賀歲知有差赴外國之行舉欣欣然有喜色

十一日徐松龕中丞贈瀛環志略一帙公撫閩時洋人以互市集海濱公訪察各國形勢利病博采衆說彙集成書西人咸服其允當

十四日恆子久少司空偕往各國駐京使臣寓館辭行

十九日正擬起程因聞大沽口復凍改期
二十日法國伯使臣送來馬塞海口照據一函
二十一日登程隨行四員同文館八品官鳳儀德明內務府筆帖式兒子廣英均蒙賞加六品銜同文館學生彥慧蒙賞加八品銜並僕從六人買車南下二十里出沙窩門又五十五里酉正至通州張家灣住是夜雪
二十二日卯刻開車十二里過安平鎮武清縣境第一鋪又十八里過馬頭又三十里午初河西務早飯又三十里過蔡村又二十五里酉初至楊村住
二十三日卯正開車二十五里過浦口又二十五里抵天津城

寓東門外客舍往謁通商大臣崇地山侍郎並至紫竹林暨梁家園拜客

二十六日往紫竹林時輪船進泊關下者南潯行如飛折蘭凡三舟皆精巧絕倫兼拜孟領事官 廿

二十七日定行如飛船明日開行

二十八日巳正登舟未正始解維時水涸酉初至可沽舟膠於沙估計水程一百七十五里

二十九日黎明開行四十二里過大沽兩岸炮台形勢雄壯誠北海之門戶辰刻出大沽十里許爲攔江沙所阻舟不能行候至午未潮長始得行洋人用鐵砣試水半時許至深一丈八九

尺乃得暢行無礙在船樓四望烟水茫茫渺無涯涘海天空濶之中但見檣帆沙鳥數點而已

三十日寅刻舟行尚有阻淺處卯初忽聞船底作霹靂聲者三舟客皆起登樓大霧瀰漫舟觸於石幸船底尚堅得無恙午刻過廟島大竹小竹鼉皮諸島相距不甚遠兩山相連形最峭拔者雙島也舟折而西見人家屋舍列於山之陽者之罘島也漸南檣帆林立廛市參差有亭翼然高峙者烟台島也遠見塔表矗立海濱者崆峒島也棟宇高聳雄踞一方者觀海樓也樓爲潘偉如觀察霨建抵岸登眺移時酉刻還舟已見滿街燈火光映水湄登舟卽開行

二月初一日午後大風陡作舟蕩甚乘舟者半嘔吐薄暮風愈狂震搖終夜

初二日午後風漸平登柁樓四望海天空曠波濤無際遠望數十里外有淡烟一縷約二三寸許舟人以遠鏡窺之乃三桅輪船也自大沽口至此水程逾二千里僅見此一舟耳酉刻風息甫見新月戌刻海中霧作駐舟計水程烟台至此已一千五百里而遙

初三日卯正三刻陰霧漸開始起錨行辰刻過沙尾島至此折向西北行即楊子江入海處巳刻望見吳淞口自沙尾島進口水程二百四十里皆楊子江也迴憶道光戊申春自雙姑駛帆過安慶

采石建業石頭城燕子磯黄天蕩各處雖曰長江天塹較此殊未及半耳入口四十里泊上海黄浦江兩岸洋樓鱗次櫛比夾板洋船暨大小輪船一望如林太西十七國洋人之大聚處也寓洋涇浜平陽里汪乾記茶行

初四日拜應敏齋觀察寶時王蓮塘大令是日法國人德善由烟台來與英人包臘均帮辦稅務之員赫總稅司檄調隨予往外洋者二人在都年餘頗習漢文俱甚洽也鳳儀等三員皆通曉西語西文有此數人偕行長途不虞悵悵矣

初五日陰雨敏齋招飲座客王蔭齋觀察曾樾西江舊雨譚子去後事甚悉令人有滄桑之感

初六日陰僱定赴香港船隻

初七日晴未刻登法國輪船（名拉布得內）船長八十四邁當（法國大尺名邁當）合中國二十七丈六尺（計一邁當乃營造尺三尺三寸）寬三丈深一丈八尺容二千噸（每噸合十七石）火輪器具居其大半估一千二百噸貨物止容八百噸船主一人司船者十一人水手三十人管水火器具者四十八人司火食者十五人庖丁六人共一百有三人房艙共四十間每間住三四人中桅以後爲飯廳飯桌長六七丈可坐三四十人（皆上等客也中下等客皆在前艙）器具精潔肴饌豐美皆外洋風味晚則燈燭輝煌兩旁住屋十五間每間各嵌玻璃燈二大穿衣鏡一燭光照耀入其中者目迷五色不啻千門萬戶中桅以前

爲火輪器具及厨屋兩旁有長巷二每門各懸燈爲司事及賈客住屋計四十五間晚則到處光明其餘厨竈厠屋前後十餘處無不精妙司船者披圖以考疆域測影以計道路前後左右暨桅中用針盤五各二人司之以定方向用鉛砣以量淺深用繩板以驗遲速其餘考寒煖測風雨以至張帆扳柁之法皆奇巧異常舟行晝夜不息飲食充備如入市肆如居里巷不覺其爲行路也尤奇者行海以淡水爲要輪船則以火灼水藉水氣之力以運船卽用氣化之水以供用舟之上下四旁皆有銅鐵管貫注數百人飲食洗濯無缺乏之憂也

初八日卯刻開行巳刻出江口而南山島數處有形如馬鞍者

土名鞍子島距吳淞口已三百三十里未刻晴過浙之舟山普陀山在其南峯島重疊如列屏自鞍子島至此時有白鳥逐舟而飛背翅皆作淡墨紋腹與尾皆純白張兩翅長丈許鳴聲嚶然去人不遠舉手欲握似不怖人時而沒水時而飛翔高與帆齊去山百餘里始不見也

初九日陰午後微雨未刻過海棠島詢之舟人云閩海已過風順可至粵洋也晚間順風大作舟中甚覺顛簸矣

初十日晴辰刻過潮州自吳淞開船兩日行二千五六百里非輪船之神速焉能如是早飯罷登柁樓四望波濤際天渺無涯涘惟見漁舟十數挂席出沒洪波巨浪之間然大洋幾三千里

至此始見有舟

十一日陰辰刻至香港遙見峰巒重叠入港數十里樓屋參差依山傍麓較上海又別有景象也巳刻換船名康拔直船船身內艙分三層頭等艙十七間可住二十九人又有二十九間可住九十二人二等艙二大間可住三十六人船主名得剖比思與司船者七人法國水手二十九人庥六甲人（人皆黑）八名管器具者法國十三人阿非利加人（人皆黑）五十九名伺候飯食者法國四十四名中國二十名船身長三十八丈寬四丈六尺深四丈二尺可容三千三百礮每日燒煤六十礮（合中國一千零二十石計十萬二千）斤船頂後半支布帳長二十餘丈晴雨皆宜午刻駕小舟登岸

一覽街衢整潔市肆多華人申正開行

十二日晴暖日正午司船者三四人執遠鏡窺日影云自開行十時計行七百三十有五里是晚月明如畫碧海不波倚蓬遠眺飄飄然有淩雲之想

十三日晴卯初即起見海日初出氣象萬千正午舟人窺日影云自昨至今午計十二時一千二百有七里距安南海口僅一千一百八十里有奇然自辰刻起已見越南山島綿亘於西面百里外矣是日熱甚舟中懸風扇十以五人抽拽坐中習習生風百餘人食飲不覺酷熱也

十四日晴熱甚換夏衣未刻入港口曲折東北行兩岸花樹叢

襍青翠無際淵不過三四里狹處止數丈如入江南荻蘆洲又疑入武陵桃源行一百八十里酉刻始泊舟岸左新造洋樓十餘座法國水師提督駐兵三千起造埔頭公所已三年矣兵房及屋宇粗有規模閩廣人居此貿易者聞有五六萬八土人用漢文郡縣名與中華同此地爲嘉定省新平府平陽縣轄土民吧⿰口雅洲王居東京距此半月程國之爲省者三十有三幅員不廣約中土一二省地耳四五年前與佛郎西人搆兵不勝議與十年歲幣每年銀錢四十萬計四百萬始罷兵嗣議割三省予之收租稅以當歲幣地無他產惟產米華人販運者絡繹不絶天時極熱甫仲春青橘丹荔璀璨可觀晚香玉夜來香隨處芳

馥居民僅以單衣蔽體之半男子蓄髮挽髻多無鬚女子赤足無簪珥所見莫辦雌雄民居茅屋寢坐皆以木不施茵褥不須布帛云春冬無雨四月後則風雨大作瓦屋皆飛故雖王宮亦極卑也產薏苡每石值洋一元檳榔椰樹一望成林

十五日早粵人張霈霖賈於此間中土遣官來求見旋登岸往拜法國提督兼遊中國城華人居之各貨聚集於中土市廛土人名爲中國城云

十六日晴寅刻放船向正南行亥正見西面二山名波羅嶲東一山相離十里許舟出其中距東山止里許舟子指圖相示與之吻合

十七日晴向正南行辰刻至午二計行九百里連日甚熱
十八日卯刻西向行辰刻至新嘉坡巳初泊舟計行六百八十四
里登岸買車作竟日遊英國礮臺在其麓周歷一過形勢雄壯
午間坐客舍洋樓頗宏整飲茶小憩晚歸查新嘉坡古名息力
因重譯不同書寫各異今則人人稱爲新嘉坡小船刳木爲之
銳其兩端小兒鼓棹啾啁客皆以銀錢擲海中則羣躍沒水少
頃握錢出叢洋船至必以爲戲故兒童見舟皆拍手笑樂如拾
韓嫣彈丸也車制與安南小異御者亦麻六甲人肌黑如漆唇
紅如血首纏紅花布則皆同十餘里至市廛屋宇稠密仿洋製
極高敞壯麗市肆百貨皆集咸中華閩廣人也歸舟有頂帽補

服者來謁閩省水師都閫陳鴻勳貿易於此云此間較本鄉易於謀生故近年中土人有八萬之多不憚險遠也山多虎每出覓人食且有渡水者猿猴小者不盈尺凡珍禽尤夥五色俱備舟人購畜者以百數計大可悅目惟土人則黑肉紅牙獉獉狉狉殊堪駭人使椰子厚至此必曰異哉造物靈秀之氣不鍾於人而鍾於鳥有售西國金銀錢者各種皆市地上舟人多以番銀交易

十九日晴巳初開行午後雲氣蔽空始稍涼至晚雷雨大作舟行不息也

二十日晴巳刻過波羅雜哈距新嘉坡八百餘里山形團圝樹木叢茂如揚子江之焦山至午正計程九百三十六里是日所

見飛魚極多

二十一日晴過勾勒凳山甌拉番山及波羅圖諸山南面爲蘇門答臘南洋大島長二千餘里自唐宋至明朝貢中國龍涎嶼在其西每春日龍交戲其上遺涎可采爲香明嘉靖時詔采辦每觔給價銀一千二百兩是日行八百四十里見大魚有長丈許躍出水面以百十計

二十二三日晴兩日行一千七百七十里皆印度海五印度漢書謂之身毒東名孟加拉北連後藏大河名安額即佛經恒河也地極富盛現爲英人據土人統名之曰印度

二十四日晴午正行七百九十六里申正泊舟錫蘭西刻陣雨

考瀛環志略錫蘭在南印度之東南海中之大島也周千餘里中有崇山高阜近海窪下地多雨多迅雷花木繁綺

林內多象山出寶石所產桂皮最良前明時葡萄牙據立埔頭後爲荷蘭所奪嘉慶元年英人盡有其地天下郡國利病云古狼牙修也自蘇門答臘順風十二晝夜可至相傳釋迦從迦藍嶼來登此山猶有足跡山下有寺中貯釋迦涅槃眞身及舍利子明永樂六年遣太監鄭和等賫供器寶旛布施于寺建石碑云云土人多畜象置木架其背形長方上可坐四五人驅策若牛馬

二十五日陰小雨即止卯初起雇划子登岸乘四輪車迵異車形御者坐車上高處沿海濱約七八里潮激岸石浪花高丈許不減曲江之濤北入山六七里樹林陰翳景象殊幽花木多不知名香如薝蔔問土人語不能解產桂皮人多貨之路左林內有豹窺人從

者皆駭諦視乃柙以求售者旋登山入古刹卧佛長三丈許寺宇寬廣設旛幔前後有番僧四人無碑碣或疑是釋迦之像其爲何代所建不可考也所過茂林修竹大似山陰道上至客舍小憩持象牙瑇瑁各器來售者極夥貨寶石金剛鑽者盡贋耳

是日戊正開出外洋船客增至一百七十餘艙中無餘地矣計二十七國人言語不同者十七國而形狀服飾之詭異亦人人殊有頎而長者有碩大無朋稱重二百斤者有鬚鬢交而髮蓬蓬者衣裙多用各色花布似菊部之扮演武劇又如黃教之打鬼惟太西各大國則端正文秀者多婦女亦姿容妙曼所服輕綃細縠尤極工麗每起則扶掖登船樓偃卧長藤椅上其夫日

伺於側顧指氣使奉令維謹兩飱後掖行百餘武倦則橫兩椅並臥耳語如梁燕之呢喃如鴛鴦之戢翼天眞爛漫了不忌人小舟載海螺殼無數五色璀璨形狀多怪異購得數枚可玩也

二十六日午陰閱各國地圖云錫蘭爲天竺本國地廣人稠亞於瓜哇南洋大島即噶羅巴古時佛教起於印度盛行中土晉法顯北魏惠生唐元奘皆遍歷其地紀載特詳諸佛菩薩繪塑各像多裸上體或耳帶環臂束釧所衣袈裟即外著之沙郎至今多未改也自紅衣喇嘛教興嗣復演爲黃教元起北方取五印度建爲外藩乃已半從回教今則備歐羅巴之東藩而佛教愈微瀛環志略云慧光照於震旦而淨土轉滋他族盛衰之感洵不虛也

今則市肆樓宇之繁盛皆太西及中土人村店尚有土人售魚蝦果蔬者或樓居或板屋近岸三五里樓宇相望皆宏敞堊白土半頹圮矣聞盛時多係倡樓有著名如古稱燕子章臺者十不存一耳曾見酒家女拏帘倚門螺髻絳唇面如淡墨色見過客笑靨露齒赤足欲駭人詢與夫亦倡而勸客入飲也噫菩薩以鳩盤荼變相警悟大千耶世有沉湎於此者惜不遇之是日舟行極穩因考天竺緣起補錄於此過此以往則自古未通中國載籍不能考證惟據各國所譯地圖參酌考訂而衷以瀛環志略耳

二十七日晴午觀日影自二十五日戊正解維計十九時行一

千二百三十六里申刻北面見一洲長數里草木茂密詢名彌尼格愛

二十八日晴兩日行中南兩印度海界是日行七百八十八里

二十九日晴午正行八百七十里是日卯初見來船東往中華計行海二萬里矣令人有故鄉之感

三月初一日晴煖舟人遥指北面爲西印度云產獅子馴象駝鳥鸎粟花人多黑色

初二日晴熱舟中有印度回教人欲往土耳其國拜教中祖師墓以修福者登舟病不能起今晨圓寂舟側客死則墜石投海中舟主查其行篋有書以遺金十二萬兩予其子住某處者亥

未過一島聞是島多怪風發無定時計自香港來縱橫數萬里茫無津涯風靜波恬二十餘日同舟諸人皆以爲難遇斌椿奉使遠涉化險爲平非仰賴聖天子洪福曷克臻此（兩日行一千六百九十里）

初三日晴午正行九百二十一里距亞丁八百餘里連日行西印度海（名小西洋）俾路芝（古波斯地即安息國）阿喇伯（即漢書條支國）均在其北波斯有阿母河蘆林中產獅子（初生七日目閉時取之）良馬蘇合香（即獅子糞）龍涎香阿魏乳香沒藥

初四日晴午初至亞丁泊舟山在右面亘數十里若口門然山形突兀怪石嶙峋數十里皆不毛內有火山數處岸上土屋十

餘所係英國兵房屯煤以備海舶之用自錫蘭至此六千四百餘里非有此埔頭則煤與水不能繼故英人設兵於此東西往來必由之路以供乏困惟地無所產需用薪水糗糧牛羊等皆自他處運來耳是夜亥末開船

初五日晴南風熱甚舟北向行辰刻東面有山綿邈乃阿喇伯界西爲阿北西尼亞東山相距約二三十里爲入紅海之口後則東山或隱或見水鳥飛翔竟日與鞍子島略同但較小而色黑至晚不見

初六日晴熱無風午正測日影計十九時行程一千三百九十里

初七日晴熱甚午正行七百里
初八日晴午正行七百三十九里申刻遥見海中一塔高矗近視高七級計十丈許以鐵爲之中掣紅旗一舟人云彼處沙淺膠舟故爲此誌駐人其中見海船則懸旗夜則懸燈使知遠避誠善舉也
初九日晴辰刻始見山島查地圖繪紅海兩岸如峽海若小港然舟行自初五至今已行三千四百五十里茫無畔岸使遇風濤大作其險可想見也午正計行七百九十八里夜半可抵蘇爾士
初十日晴子正二刻又行三百八十七里泊舟寅正即起卯正

東裝換輪船行十餘里登岸入寓館樓宇高敞飯桌四行坐百五六十人飲饌一如舟中惟酒須自沽耳食次樂聲大作樂工男女八人樂器形狀詭異節奏尚可聽詢爲日曼耳國人三奏女以玻璃盤挨座一過客各予銀錢一二枚嗣八音迭奏女子歌喉清越宛轉可聽一二時許始畢申刻登火輪車前車爲火輪器具燒石炭儲水繳輪後車接續三四十輪不等每輪如住屋一所分爲三間間各有門啟門入兩面小炕可坐八九人炕上下儲行囊數十件每間大窗六扇有玻璃木槅以障風日啟閉隨人油飾鮮明茵褥厚軟坐臥飲食起立左右望皆可隨意次者裝貨物箱隻再次裝駝馬數頭搖鈴三次始開行初猶緩

緩數武後卽如奔馬不可過車外屋舍樹木山岡阡陌皆疾馳而過不可徧視炊許停車道旁村舍中有屋一所男婦皆下車入沽飲食屋內回教人壁繪佛像偏懸鼉鼓大魚豹鹿于兩梁柱間畫鏡五六面皆中華戲齣也食畢開車明月皎然矣又一時許戌刻始見樹木陰翳中屋宇漸多蓋埃及國卽麥西國都城改羅也計兩時行陸路三百七十八里入客舍燈燭燦然飲饌俱備屋舍精美子刻乃就寢計行海一月餘今始登陸甫解衣同人有入山遊覽之約

十一日晴寅刻裹糧買車西北行十餘里渡小河同人僱驢六頭登岸策驢疾行驢亦甚健奔馬不及也又十餘里至古王陵

相連三座北頭一陵極大志載基潤五里頂高五十丈信不誣也方下鋭上皆白石疊成石之大者高五六尺濶七八尺不等北向有石洞一蛇行入土人篝燈前導窄處僅容一人曲折上下窮極幽險中有石棺一扣之作磬聲云古石棺也洞口高十餘丈横石刻字計十行約百餘字如古鐘鼎文可辨者十之二三餘則苔蘚剝蝕不可識必有好事者搨其文攜至中國與古金石文一一考核不難辨認而確知爲何時制作洞之上下兩旁雖有石刻然皆泰西文字似此爲中土三代以前制作可必其非僞造山下有大石砌若方池者想古時未竟之工旁豎奇石如浙江西湖大佛寺像洵稱鉅觀土人有持古銅錢及殉葬

小翁仲石人與觀者未刻往街市一遊市壓稠密禮拜堂高居山巔規制宏壯無比堂廣濶約二十丈高倍之四壁面石壁與柱皆天成雲飾文細膩光澤玻璃燈極大插燭萬枝實非常鉅工也

十二日晴辰刻起程見有火輪車二金漆輝煌云係國王之車也巳刻開車西北行時麥正熟偏野黃雲田家刈麥收穫及耕耘各情事與中土大概同車行更速直如雲中飛過也未正至三它呀海口計陸路四百八十九里申刻登地中海船即開行船小於康拔直船而飯廳寬濶過之長桌三可坐百五六十人兩面明窗間以細畫晚懸玻璃燈四十四盞光明如晝自紅海

至此氣候漸涼

十三日北風甚涼舟顛簸客多偃卧不能食

十四日晴北面山頭有積雪兩日行意大里亞境計一千三百里意大里亞漢書所謂大秦國周幽王時建城于羅馬傳七世爲民所廢公舉賢者治之歲一易勢益强盛東西諸部皆隸版圖縱横萬餘里居然大一統也嗣後興替分合不一至今分爲九土長二千五百里廣北千餘里南數十里而已

十五日晴午正又行七百八十里是日更覺顛簸蓋地中海多風波浪較大洋更急也

十六日丑刻泊舟墨西拿一時許係意大里亞國埔頭也售珊瑚者登舟列樓板上果蔬甚佳飯時朱櫻紫椹甚覺可人櫻桃如蠶豆春橘之大者如木瓜辰刻尚見山島綿邈且有奇峭非

凡者內有火山數處與瀛環志略悉合

十七日微陰早起登樓兩面俱崇山舟行峽中廣狹不一岡嶺四合怪石嶙峋間有人家屋宇背山臨流嶺上墾種梯田儼然圖畫其石島重叠有如鳥獸人物形者不可勝記有一嶺石譯言如熊下山形舟過側面則又如老人鵠立山頭又有數峯高出羣山奇峭插天未刻出峽漸近大西洋波濤際天矣日晡陰雲四合大雨至夜未息風尤狂甚行巨浪中祇可偃睡也

十八日晴北風寒甚舟行極顛簸計巳刻可到海口惟逆風竟夜遲一時許未初至馬塞里海關見伯使臣照據免驗行李買車至客寓街市繁盛樓宇皆六七層雕欄畫檻高列雲霄至夜

以煤氣燃燈光明如晝夜遊無須秉燭聞居民五十萬人街巷相聯市肆燈火密如繁星他處元夕無此盛且多也客寓樓七層梯形如旋螺登降苦勞則另有小屋可入坐數人用火輪轉法頃刻至頂樓屋有暗消息手一按櫃房即知某屋喚人傳語亦然各法奇巧匪夷所思帳幔鋪設皆華美肆售各物率奇創有木馬形長三尺許兩耳有轉軸人跨馬手轉其耳機關自動即馳行不已殆亦木牛流馬之遺意歟

十九日晴坐火輪車往看造船器具其地距寓舍八九十里往返僅兩時許穿山嶺十餘重過大山五皆鑿深洞長三五里不等疾馳入黑暗如漆車數十輛各然燈俄頃即見山外天光而出矣平原花木可觀橋梁道路皆修整麥穗方青下午遊海濱

花園數處

二十日晴早往地方辦事公所一看（從地方所請）與工未竣已壯麗無比嗣登海山絕頂望見泊舟來路波濤無際心曠神怡申初乘火輪車行八百四十七里至里昂時甫戌刻燈火滿街照耀如晝繁盛倍於馬塞矣

二十一日陰至各織機處能織人物各國君主大臣像皆織成出售嗣觀用火輪織綢緞更精捷

二十二日晴往遊各處花園頗佳珍禽奇獸指不勝屈自北至南直行十餘里遍觀里昂全勢是夜戌刻乘火輪車寅刻已至巴黎斯即法國京都計四時行千里矣（街衢遊人有祗用兩輪貫以短軸人坐軸上足

踏機關輪自轉以當車又有隻輪貫軸兩足跨軸端踏動其機駛行疾于奔馬又西俗相見以握手爲禮間有接吻者無分男女也

二十三日晴駐巴黎街市繁華氣局濶大又勝於里昂聞里昂人民六十萬都城則百餘萬陸兵有三十萬街衢棊布星羅皆黑衣紅褪持杖鵠立看街兵卒往來梭巡無間衣帽鮮明無一敝舊者車聲鄰鄰行人如蟻皆安靜無譁夜則燈火通明如晝

二十四日美稅司（名里登告假回國者）偕往公所係各國在巴黎建造屋宇繪圖議事處又至玻璃巨屋高約十丈寬廣倍之內張名畫無數眞繪水繪聲之筆又西行七八里爲公家花園花木繁盛鳥獸之奇異者難更僕數尤奇者海中鱗介之屬均用玻璃房

分類畜養其中藻荇水石皆海中產介蟲之奇者數十種房二三十間分養之人由傍觀纖芥洞見洵奇搆也夜戌刻觀劇至子正始散扮演皆古時事臺之大可容二百人山水樓閣頃刻變幻衣著鮮明光可奪目女優登臺多者五六十人美麗居其半率裸半身跳舞劇中能作山水瀑布日月光輝倏而見佛像或神女數十自空中降祥光射人奇妙不可思議觀者千餘人咸拍掌稱賞佛郎西地方縱約二千二百五十里橫約二千六十里古名高盧爲野番部落漢時隸羅馬齊梁間始建國號曰佛郎西唐德宗時嗣主有文武才創制顯庸威冠西土數世後國又衰亂宋時王路易嗣位任賢使能號中興元時爲英吉利所滅有幼女年十六召餘燼擊退英軍恢境土嗣後治亂不一嘉慶八年攝政官拿破侖即王位持其武略吞併諸國所向無敵各國畏之如虎後與英人戰敗被擒英人流之荒島死道光九年國人擇支屬賢者路易非立嗣位寛仁納諫

有賢聲後二十年國人
廢之立路易拿破侖

二十五日晴早往城西南闊各國造屋處未刻拜相國杜大臣頗投洽約亥刻赴飲兼見夫人屆時門內外燭光如晝侍者排列入內廳與夫人坐談詳詢中土風俗皆知稱羨各官夫人珊珊其來無不長裙華服珠寶耀目皆袒臂及胸羅綺盈廷燭光掩映疑在貝闕珠宮也飲茶酒兩巡回寓已漏三下矣

二十六日拜英國使臣美國使臣皆駐巴黎者夜赴戲園看馳馬頗便捷有女子於馬上跳躍馬疾馳人持圈道旁女跳圈中過仍躍在馬背不少停有能令馬人立而舞又有鐵柵大於屋置輪其下中蓄獅子大小五吼聲震耳如銅鉦人執刀入栅與

鬪然火銃獅子怒吼其聲驚人觀者無不咋舌

二十七日拜俄國丹國使臣並赴印造書籍及電機寄信各公所夜德侯文名理請觀劇

二十八日在寓作書寄中國命廣英等往看造錢用火輪法以水氣衝激推機令進退鐵管中機之一端連大輪之樞以運動長軸軸置屋梁下分繫韋條還千百小輪大輪轉則軸轉軸轉則衆輪俱轉輪有横直各適其用工匠分司之錢質成圓無孔一平其輕重無纖芥差然後置印板輪中一擊則二面文成其一面爲國主像乃易一所鑿邊花錢有輕重大小不同質分金銀銅三品而形式如出一轍是以行之街市及鄰邦無詐僞之弊金錢一枚重一錢八分名曰拿破侖郎國主名可易大銀錢四枚枚重六錢二分半名三佛浪可易小銀錢五枚枚重一錢二分半名佛浪一佛浪易銅錢大者十二枚名特蘇易小者四十八枚名蘇 及電機寄信法 電機外洋各處皆有用鐵線連綴不絕陸路則架木杪遇海則沉水中通都大邑以及鄉村鎮市線到處皆可通信司事者如中華信局式代人寄信

以鐵線之一端畫字其一端在千萬里外即顯此字寫出不逾晷刻也

二十九日德侯贈譯唐詩一本八極風雅日以詩酒消遣不樂仕進

四月初一日德侯來當贈五律一章連日晴雨無定

初二日陰雨王承榮來見承榮江蘇常州人云在巴黎貿易有年與巴黎人甚洽

初三日陰得小火輪車式樣一具王承榮代購也車長八寸烟筩水管輪機各器皆備以燒酒代石炭然令水沸激輪自能馳行不息

初四日晴辰正出寓巳初乘火輪車行六百三十里未刻至布倫海口登輪船過海七十餘里申刻至英國都發海口又乘輪車行二百五十里戌初至倫敦英國都城寓館英地本三島孤懸大西洋海中迤東兩島

相連長約二千餘里廣四五百里南曰英倫北曰蘇格蘭迤西別一島名愛爾蘭長七八百里廣半之漢時屬意大里亞都中有羅馬城陳後主時始自立國唐德宗時爲嗹國所據王子亞腓烈有智略五十餘戰而外患平境內大治後爲天主教所制國勢不振嗹人滅之越三百年宋時北部酋攻嗹遂王英嗣後有興廢至明嘉靖年女主以利撒畢即位賢明勤政國益强後又値女主馬理有邪行國人斬之至康熙年間民招荷蘭王入英郎王位王雄武有大略由是威聲大振王歿無子國人招日耳曼之漢挪瓦王來英奉以爲王乾隆時嗣王亦賢已而貿易五印度富强過昔時王卒世子有賢聲道光十八年卒無子有女不慧立兄女維多里亞爲王即今之君主也立時年十八歲國人咸稱賢

初五日晴總稅司赫德來狄妥瑪休士漢南三稅司先後來皆告假回國者談及倫敦人民之盛都城有三百萬人地形四面環海陸兵十餘萬水師不過六萬人足敷防守非若法國三面皆陸需兵較多若征調則數十萬可集城廣四五十里人烟稠

密樓宇整齊率多四五層街道潔淨車轂擊人肩摩爲太西極大都會也街衢弁兵皆黑衣紅褪服飾新鮮持仗巡守無閒

初六日晴在寓寄書中華仍命廣英等往看花園云鳥獸奇異者甚多獅子四極大者二皆虬毛虎豹犀象之屬不可勝記巨蟒長二三十碼每碼合中國二尺五寸皆豢養極馴西人好潔浴室厠屋皆洗滌極淨惟新聞紙及書札等字紙畢卽棄糞壤中且用以拭穢未知敬惜也

初七日陰拜客

初八日夜觀劇座落寬大扮演奇妙可觀與巴黎略同

初九日往拜包姓醫士西國名醫治法迥異中華也

初十日午刻往照像西洋照像法攝人影入鏡以藥汁印出紙上千百本無不畢肖也申正晤

總理各國事務大臣及哈總辦西刻往畫院一覽所繪人物山水絕非凡筆各國新聞紙稱中國使臣將至兩月前已喧傳矣比到時多有請見者繪像在巴黎照像之處人人爭購聞有售一像得銀錢十五枚大獲其利幾於團扇家家畫放翁矣實佳話也

十一日微陰至六花園杜鵑花高丈許月季高五六尺花朵大倍於常紅紫芬菲聞自中土來培養之工甚深其餘花卉之盛甲泰西水法之妙玻璃房之高廠爲泰西所罕見夜至茶園觀雜劇神妙不測

十二日至海關收税驗貨處聞歲收金錢二千六百萬磅入至

各棧茶三百萬箱皆中土字號酒一百萬桶收地窖中窖深遠燃燭十餘枝始見酒氣醞釀其香可入使劉佁入其中當云死卽埋我無須鍤隨也又至造錢各局金銀銅三等皆用火輪法不資人力精妙異常

十三日陰巳初乘火輪車西北行三刻行九十餘里至操兵營房拜錫將軍旋往看演技勇各項房屋周十餘里兵丁八千名施放鎗炮排列隊伍均整肅未正錫公邀飲

十四日往生靈苑獅象虎豹蛇龍之族無不備具異鳥怪魚皆目未睹而耳未聞者園囿之大此爲最

十五日晴拜狄休兩稅司及前香港包軍門是日戈登來拜曾在

中國練常勝軍剿匪立功　賞給
提督人極文秀懇摯無赳赳氣
十六日拜美國阿使臣法國喀使臣
十七日詣包軍門公所亥刻有大臣勒姓約往會其家各官夫
人皆至羅綺滿堂極人物宮室之美
十八日陰微雨至古天主堂高一百二十丈石柱穹窿數十仞
極工細惟閱千餘年多剝蝕矣古君主大官皆葬其下並刻石
肖其形申刻至公議廳高峻宏敞各鄉公舉六百人共議地方
公事意見不合者聽其辯論必俟衆論僉同然後施行君若相不能強也夜觀戲法奇絕如木函高尺許內藏人首言笑問答如常納婦人於竹箱闔蓋以長刃叠刺初聞呻吟俟無聲息啟視則空箱也婦人已於對樓呼喚
十九日辰刻往五拉車城南二十五里戈提軍令兄所司軍器局遍觀

製造軍械小飲官舍樓上即席贈五律二章

二十日稅司漢南邀飲旋拜雷哈二大臣承約後日往宜敦大書房暨行館遊覽

二十一日晴往都南二十五里各里思答爾巴累思（譯言水晶宮也）山上建玻璃大厦高二十丈廣三里南北二塔北十一級高四十丈遠望一片晶瑩中造各國屋宇人物鳥獸皆肖其國之象司宮者啟關導觀且備小車代步憑欄遠眺能見六十里之外旋邀至客座小樓三層精彩眩目穿廊咸罩玻璃繞廊紫藤盛開紅藥杜鵑皆大於中土間以雜色花草綠茵鋪地璀璨可觀

二十二日陰巳初乘火輪車行五十里至溫則爾喀思爾（譯言君主

行館殿宇高廣四周房三千六百間凡三層司宮者導觀各座落內藏珍寶甚夥有碧玉瓶高六七尺遍作孔翠花紋光艷不可逼視云俄羅斯國主所贈又列國寶器各藏一間內有惲壽平花卉册頁一本又一扇書留香集古意七律三首皆中國物也壁皆懸名筆畫像陳設之富麗甲太西矣園周三十里蒙假御廄車馬俾得遍覽園景樹木之大者以千計皆百餘年物山花秀麗溪水廻環鹿鳴呦呦鳥聲格磔花之嬌艷者罩以玻璃屋有窗啟閉以障風日司花者云地氣尚寒非此即凍萎其中五色璀璨芬芳襲人可識者秋海棠高二尺許丰韻嫣然紅白茶花似江右產月季杜鵑芍藥魚兒牡丹皆大倍常又至果晷亦

如之桃李杏共數十間葡萄稱是皆以銅管注熱水其中溫和如中土暮春氣候諸果有始花者甫結蒂者初實與漸熟者云備隨時取用不令缺乏耳爲摘紫葡萄一毬實大於雀卵甘美無比廐中馬大者高八尺又有小駟八匹如蜀產爲君主乘子所乘駟馬高車星飛電掣一時許周歷四面又至宜敎大書館掌教者留備茶食夜歸候爵米君招赴公所夜飯餚饌精美

二十三日早起掌宮官以名帖稱奉君主命請赴宴舞宮會宴註亥初二刻委員暨繙譯官皆赶備禮服佩刀屆時同赴宮門外下車將士百餘人執戈排隊皆衣赤門內將弁持戟按隊鵠立不動每門皆四人入門左轉過長巷四五折間段熾爐火堦

用文石咸鋪氍毹兩旁遍植鮮花芳菲滿砌燈火照耀無纖毫幽暗處也上堦百餘級時命婦接踵入朝聞每月兩次朝君主禮也隨導者數轉始至宴舞宮屋宇之大縱五六丈廣十餘丈高亦過五丈屋角及四面懸燈罩以玻璃計八千五六百盞是日入宮者公侯大臣四百餘人命婦八百餘人太子與妃南面坐兩旁設坐三層各官坐立皆聽坐予與隨來員弁於對面樂人於樓上奏樂音節鏗鏘男婦跳舞十餘次武職衣紅文職衣黑皆飾以金繡婦人衣紅綠雜色袒肩臂及胸珠寶鑽石項下纍纍成串光彩射目迨子刻太子及妃起赴別所衆皆兩旁立旋有宮官稱太子請見隨之往太子及妃問倫敦景象較中華

如何惜相距遠往來不易此行尙安妥否昨遊行館所見景物佳否予一一應答且云中華使臣從未有至貴國者此次奉命遊歷始知海外有此勝境皆含笑讓旋赴宴酒餚多品膳宰皆衣金繡持盞授餐俄頃傳言君主約次日申刻進宮見比返寓漏已四下

二十四日晴申刻入宮門內儀仗將弁與昨夜同惟執樂器數十人咸朱衣宮官衣金繡者導予至一所坐候旋導至內宮君主向門立予入門君主前迎數武問來幾日矣予答曰來已兼旬又問敝國土俗民風與中國不同所見究屬如何答曰得見倫敦屋宇器具製造精巧至一切政事好處頗多且蒙君主優

待得以遊覽勝景實爲感幸君主云此次遊歷惟願回至中華兩國愈加和好予稱謝始出

二十五日陰巳正乘火輪車北行一百八十里至阿思佛遊大書院數處掌院者名勒得富邀至家夫人幼隨父至香港總兵任樓宇列中土器皿甚夥留備茶點夫人稱幼在中國八年今尚記憶見中土人頗洽耳飯設餚果均佳申刻赴北名罕亦一百八十里英俗各鄉鎮皆公舉一人司地方公事如古治郡者然有也姓者當其選知予來欵待甚周留晚餐

二十六日也姓陪往造作處一覽未刻又北十餘里至造輪車處閱看每車大者板屋六間每間可坐十人印度運來堅木文

理細膩匠用火輪法解木木長丈許向鐵輪推之成板厚五分頃刻已解十餘片較兩人扯鋸之勞何啻霄壤又閱造鐵板輪及農具等處後至造衣鈕處皆巧極

二十七日晴往拜也姓園亭幽雅花木甚繁嗣往造玻璃處詢知以海岸沙及鉛與鹻實土缶中納巨爐猛火燒一晝夜傾出融如水入模凝塊又有用鐵器撑成團以長鐵筒貫而吹之即如水泡旋燒旋掄漸長至三尺許中空而大如瓜瓠齊其兩端一直剖置文火中燒半刻許即開以鐵尺於微火中横研之則平如紙矣是日晚飯罷戌初二刻乘火輪車行三百餘里亥正三刻至瞞者思志書曼識時時天上西北角尚有光如東方將明時

葢赴倫敦北又六百里日落已在亥初時也遠見繁星密布燈火相望又二十餘里駐車時已子刻候吏備車馬送至寓舍

二十八日陰是日禮拜住寓中記所見事竟日聞北名罕人民三十五萬此地人民五十萬街市繁盛爲英國第三埔頭中華及印度美國棉花皆集於此所織之布發各路售賣

二十九日陰微雨往織布大行遍覽樓五重上下數百間工匠計三千人女多於男棉花包至此始開由彈而紡而織而染皆用火輪總輪有四百匹馬力（置長軸于樓屋最高處分布小輪于各屋均以韋條繫于總軸軸終日轉則萬輪隨轉無少停輪下各設几案機器工匠棉花分三司之紡紗織布無慮千百人機聲震耳不聞人語也）路原來泥沙攙雜彈六七過則白如雪柔於綿矣又以輪紡由

絍卷而爲細絲凡七八過皆用小輪數百紡之頃刻成軸其細如髮染處各色具備入浸少時鮮明成色織機萬張刻不停梭每機二三張以一人司之計自木棉出包時至紡績染成不逾晷刻亦神速哉夜間有約遊園者鳳儀等往觀歸述知烟火花炮之奇妙實所未聞云此會每三日一次可謂繁華之至

三十日雨午後雨止看演馬隊未刻照像亥刻登火輪車車如小軒四圍木榻可卧十餘人子刻開行就榻寢比天明已至倫敦計六百餘里不過三時也

黄梅宛立敳校字
沔陽李世勛覆校

乘查筆記卷下

長白斌　椿友松

五月初一日卯刻再至倫敦街市漸熟仍赴乂耳思思忒力忒寓舍居屋在三層樓上頗高敞飯廳精麗與初住相埒寓屬中等然上下五層每層數十間夜則燈火晶瑩迴梯曲檻無不洞明徹夜不息飯廳大者十數處住屋一百三十餘間壁上均有消息喚人以指按之櫃房即知某層某屋呼喚也浴室有銅管二水由管中出一熱一涼隨意增減厠屋亦用水法時時洗滌極精潔凡此則各處皆同也

初二日晴議定往荷蘭各國行期賈相國約申刻晤談並稱君

主奬許知予將往他國先寄照會俾到時有東道主情意殷諄旋赴伯爵德姓約髙朋滿座欵待甚周

初三日往拜狄稅司

初四日晴有約赴美都威海口看英國極大輪船乘輪車行二百餘里甫至海口易小輪船至大船側登覽戌刻歸船約長七十丈有烟筒五現載電機銅線赴美國已滿載矣

初五日晴江海關稅司費士來夫人母家察姓有書邀飲申刻往屋宇壯麗園林幽勝察公暨眷屬八人皆同席宴飲夜鼓琴作樂音韻鏘然

初六日雨夜聽評書多不解

初七日晴亥刻公爵白姓邀至大花園賞花園廣數里樓榭周遭中蒔各種花木燈光如晝

初八日陰議定往荷蘭丹瑞俄國各路行期

初九日雨公爵白姓邀至公會觀跳舞男女數逾千人各官皆禮服如在宴舞宮時婦人少艾而白髮者十有二三詢係染成

初十日晴往包姓別業（即包臘家）往返五十餘里飯後羣赴園中較閭蘇格蘭人居多射擊球歌舞竟日

十一日晴司水晶宮包姓請觀水法（太西多以水法爲玩具園圜通衢隨地皆有或砌石）盤周五六尺琢人物海獸其上內藏水管由他處注水機動激射水從人獸口中噴出高可十餘丈水下注即由暗溝消去不

令泛溢每日申刻起至亥刻始息用助遊觀之興遊各山水幽境可人是日見湖北人黄姓身不滿三尺又安徽人詹姓長八九尺自言形體與人異又粤東少婦一人裝飾狀貌西國未見者洋人以之來遊爲射利也

十二日晴巳刻坐輪船出海口赴荷蘭國

十三日晴辰刻抵比利時國安托爾步海口計行海六百三十里巳刻乘火輪車行五十一里過婁得大係荷蘭交界又至海宅里午刻坐輪船未正午飱畢又乘火輪車至拉黑爲荷蘭南都計程三百里

十四日陰拜該國總理包姓並各國使臣兼往各處遊覽街衢

潔淨樓宇高者四五層頗修整河道甚多皆直而長樹林繁密民居質朴志載非虛荷蘭縱六百五十里橫三百五十里西北濱大西洋海夷坦無山港道紛岐民受水害因習水利善築堤又善操舟行遠南洋各島國自瓜哇起皆建立埔頭市舶之通東南自荷蘭始北宋時海潮決隄居民數百里皆陷沒潮退滙爲亞零海經營數十年完富過昔時舊分南北部六朝時自立爲侯國及明世侯政苛虐南部不聽命屢有戰爭至道光十一年自立爲君稱比利時國

十五日晴總理包姓來答拜派員徐君同往各處遊覽情誼甚摯拜厦門費副領事官復往公所觀東洋各國器物名畫數十皆妙甚街市多以兩犬駕小車售物

十六日晴巳刻乘火輪車五十里過來丁內有大書院又七十里看火輪取水器具用澳亞零海水者計立此法二十餘年涸

出良田三十餘萬畝有司以繪圖與觀田疇明晰溝洫條分變斥鹵爲膏腴洵爲水利之魁又易馬車行六十里至北都安特坦地勢低下舊被淹浸居民修治河道於水中立樁砌石架木其上築樓閣六七層沿河積土種樹濶二三丈車馬往來甚便兩岸雕欄綵戶倒影水中恍登仙境周三十里有河百餘道無不皆然每河寬狹不等各設橋梁數座以便車行大小舟船處處皆通通都計橋七百六十座河之濶處舸艦迷津商貨輻輳貿易之盛爲歐土大都會

十七日晴午初乘舟至澳水公所亞零海瀦水低于外海數十丈司事者導看各工係臨河築堤引瀦水至堤根用火輪法轉

動轆轤以巨桶汲起由外河達海隄高數仞日汲數千石非火輪之力不能江浙山居者用竹梘引澗水灌注高田又于山溪蓄水以舂碓皆順水之性爲之至沿河以水車戽水江右有牛車戽井水灌田者乃能使之逆行以救旱惟人勞而灌溉不廣中國現用火輪製船礮若廣其法于民田水利則宇內可無旱潦憂矣

十八日晴巳刻照像午刻遊國主行館未刻遊生靈苑獅象虎豹等獸甚多珍禽異鳥充斥其中蟒之大者如升斗罩以屋玻璃爲門有遍身黑斑粗如巨盎者忽怒衝玻璃作聲觀者肅然恐昨觀火輪洩水題七律一章已印入新聞紙數萬張遍傳海國矣今日園官備中華筆墨請題詩爲吟絕句一首欣然持去是夜亥正乘輪船將北行海月初升對岸笙歌燈火遊人甚衆

划小舟往觀時點放花炮五色燦爛有起至半空如中國俗名起火者高數十丈化爲明燈萬盞光照海水作紅綠色眞奇觀也

十九日子初二刻開船竟日雨約行六百里

二十日陰申正至酣博爾甫泊舟德善自巴黎先到與前天津稅司威立士迎至河干同赴寓樓舍臨湖宏敞無比湖寛廣數百畝東西橋梁相望樓閣圜繞如大環畫船數十往來其中西湖六橋風景宛在目前令人忽憶舊遊也夜觀馳馬戲女郎十五六人演各戰陣均能於馬上跳躍馳驟巧捷異常酣博爾蕞爾小國而貿易最盛其民居屋宇器用與各國同惟介諸大國之間本年布壘搆兵居民有捐貲助餉之舉識者謂鄰國日强不免蓼六

江黃之擢也

二十一日陰拜威稅司酉初乘輪車行三百里戌正登輪船晚飯後登樓四望海天空濶回視山島在有無之間海口立燈樓望之如星

二十二日陰寅正泊舟計海程二百里辰刻輪車開行巳正行三百里至丹麻爾都城地名呵奔黑根未刻往拜彼國總理衙門及各國公使街衢寬直樓榭高聳戌正赴花園聽奏樂觀女戲馳馬跳舞不遜於他處丹國東北西三面皆大海南界日耳曼列國南北約千里東西濶處四五百里狹處僅二三百里地瘠乏食沿海人捕魚為糧漸習為海盜趙宋時始立國突攻英都據之時諸國目為海寇嗣後興替不一明初女主馬里加爾達立號賢明內修政事外聯與國嗣王亦賢能名大振地分五部西四部與日耳曼相連為波羅的

海門戸北地廣漠多涉有大湖七

二十三日總理某約午正會晤旋往行館觀所陳歴代國主畫像器用屋宇極宏敞晚往公所觀所陳北海各處牛皮帳房及人物形像男女皆濶面豐頤肉色紅紫身被鳥獸羽皮大有蒙古狀餘皆各國器用什物復至花園各處臺榭均鮮明山水清幽樹林陰翳綠陰深處各設坐具歌舞馳馬鞦韆諸戲具備洵足觀也

二十四日陰雨巳正二刻起程登輪船出海口時正晴霽水天一色茫無津岸一時許行百里至瑞典海口未正乘火輪車東北行九百餘里亥正至云居平湖濱大樓住宿湖長三百餘里

至子刻途人歷歷可數旋見東北旭光透露天色已明蓋距北極止二十餘度已近半年爲晝之地矣

二十五日卯正三刻啟行早寒衣用重綿婦女來觀有衣貂皮者姿容娟好聞此國秀鍾女子誠然酉初三刻至斯大克阿剌捫即瑞國都城計云居平至此一千四百里距丹都已二千四百里行程未及九時其神速大可快意然飲食皆不遑耳

二十六日晴瑞典國王遣官至寓照料並約二十九日相見巳正往水晶宮閱各種器用地產金木石等貨制造精巧各獸皮張甚夥午後往公所觀畫所繪人物鳥獸花果儼然如生其山水瀑布日月光華酷肖真晚遊大花園著松怪石信足遊目騁

懷夜即於花園中觀劇詭異不可名狀子刻歸寓天色尚明行人衣可辨色瑞國東南界波羅的海西北界大西洋海北枕北冰洋縱三千餘里橫約一千里中有連山脊起立國在山之東西即挪耳瓦也亦隸瑞典地荒寒磽瘠宋初始立國明初爲丹國女主誘降嘉靖間故王孫撒瓦復境土即王位遂以大治康熙間爲俄國所攻乃割東境之芬蘭以和地產木料銅鐵銀礦獸皮

二十七日雨見該國總理官某姓旋拜各國使臣

二十八日陰瑞典國主之弟約往水晶宮晤談甚謙藹贈印像銀錢一枚請換予所照像並名片法國使臣來答拜告知有以顯微鏡照壁見各異物者往觀乃巨屋一大間中頗闇穴西面壁嵌玻璃其上如錢大始有光人面壁坐觀術者以水一滴彈玻璃上如黍米映兩丈壁上滿壁皆作水紋中有蟲如大蝸千

百隻往來如梭織又滴醋照壁上作蝦蟹形其金鐵鑛中水變化各種草木形狀奇異不能盡述據云皆水中本有之物極纖細非此鏡不能見耳然則蠻觸之鬭殆非莊生寓言俄頃雨作往園亭小飲賞雨片時歸途觀夜劇皆著名女優濱本國昔年君主事惜不解各國方言不同王公貴官皆能習數國語言多以英法爲官話若市肆祇習土語不能解也又觀公所鳥獸各骨有取於山石及海中者骨化爲石尚可辨認珊瑚高六七尺與各石之怪異者咸萃於此樓

二十九日小雨未刻觀大魚海濱人能捕魚獲巨魚長六丈有奇好事者取皮空其中嵌以棖闑中置几榻可坐百餘人登樓度小橋入魚口少坐儼然巨艦旋往園亭樓宇十數間清迥絕

塵國主及妃往園中距都會二十里是日約酉正往見入門侍衛森列國主與妃皆立待慰勞甚切妃爲荷蘭國主女一見即云荷蘭新聞紙所載詩句早已捧誦承中華詩人題咏敝邑有光矣遂偕觀各樓宇陳設兼備酒食亥刻歸寓俄國副使穆拉翩徹招飲比返天尚明也

六月初一日瑞國太坤（西國國主之母稱太坤）之前期遣官約見午正乘輪船西行海港中碧水灣環山島羅列約四十里峯廻路轉始見瓊樓十二高矗水濱翠栢蒼松一望無際登岸侍臣導登樓數十級至宮太坤迎見云中華人從無至此者今得見華夏大人同朝甚喜又問歷過西洋各國景象如何予曰中華官從無遠

出重洋者况貴國地處極北使臣非親到不知有此勝境太坤喜形於色並令遍觀各樓舍復假宮輿入御園遊覽備酒食瓜桃諸果品北地寒鮮果絕罕非大官不辦也亥刻登輪船連夜不昏黑子正極南見疏星三五點丑初則東方日出矣

初二日晴丑正開船出海口東北行酉初行六百餘里入港兩岸多板屋屋宇相望間有樓舍不過兩層土名阿剌爲芬蘭舊都居民一萬五千有餘昔爲瑞國轄今屬俄

初三日晴寅初開船行波羅的海酉初至芬蘭都會名亨沁佛耳思舊係一國後爲瑞國屬邑今歸俄五十九年矣樓屋稍多人民二萬五千往遊大園頗幽勝時値奏樂遊人甚衆銀商富

姓者居園側遨至家樓宇整潔可望海天光帆影遠景極佳并云迤北即冰海也

初四日晴寅刻開船行波羅的海北面傍山島東南望則水天一色見遠船一二微露檣帆繼而止見桅尖計遠去百里外矣足證地毬之圓非臆說也三日皆東向行稍北晝日愈長而氣候愈冷時已入伏當午正晴尚衣重綿早晚須披裘也申刻過峽口又二十里至威不爾克泊舟計六百四十里屋宇不甚多有塔二高出雲霄居民不過六千樓閣參差頗得形勢登岸乘馬車約行十餘里至一園山水幽深林石蒼古登樓眺望極攬勝之樂樓前花卉秀麗芍藥正開復至一園臨水築臺榭佮人

奏樂其中間以山水之音鏗鏘可聽泛小舟遊于蒹葭洲島之間時至亥刻日將落對岸樓閣夕陽映照更覺金碧輝煌

初五日晴無風辰正出海港波平如鏡令人心曠神怡申初過克龍斯達的大炮臺三座鼎峙海中有虎踞龍蟠之勢聞咸豐四年英法兵船至此不能進攻始回又六十里至彼得爾堡乃俄國都城也人烟輳集街衢寬濶周五十餘里樓閣高峻宮殿輝煌洵足稱各國都城之冠都內人民五十三萬六千酉初登岸進寓俄羅斯境地廣漠東西約長萬餘里唐以前屬匈奴懿宗時始立國築城邑五代時女主嗣位生十二子皆分茅胙土備屏藩其後治亂不一宋理宗時爲元太祖割取三部由是隸蒙古康熙四十四年彼得羅立舉禮招賢國以大治又以俄人不善使船嘗變姓名投荷蘭舟師爲弟子盡得其術乃歸治舟師與瑞典戰勝割其芬蘭建新都於海濱俄始強大

初六日拜本國大臣各國使臣戌初赴城西莽耳鋪花園約行二十里途中過大橋二皆長十餘丈上布木板車行平坦園中氍毹蹅毯各戲皆女郎為之演劇二次至丑初止遊人各散天色尚明朝暾欲上是日總理署官孔公名氣來拜云前在中華北京八年

初七日陰答拜孔公觀天主堂堂高十丈柱皆青色花紋石門前大柱圓圓約丈五殿中孔雀石青金石各柱亦高四五丈圍七八尺洵非常鉅工也

初八日陰雨晤總理官國姓詞氣和藹約往各處遊覽是日至王宮殿宇宏大陳設寶石器皿極富麗畫圖滿壁皆能象生錦

繡金碧璀璨奪目樓上收禮冠二非大典弗服也一冠正中大金剛鑽石一大如龍眼云值千百萬百年來未能定價議每歲予銀三萬金至今未止亞此者數十粒至如黃綠豆者攢滿冠無數冠前紅寶石一大如鴿卵藍寶石一如雀卵皆透明無纖滓又女冠一珍珠大者如龍眼次者數百外珠寶花朶盛盤布樓上幾滿宮宇大者六百餘間又有金孔雀立樹上金雞鸚鵡繞其下捘時飛鳴各國宮殿皆曾遊覽而規模濶大瓊瑤碧玉布置幾遍無出其右宮內陳列斧斤器具皆彼得羅用以造舟創業者

初九日晴辰刻出郭乘輪車西行六十里值操兵兵一萬六千

人鎗炮連環陣頗整暇王弟與太子在軍中聞予來曠野立談
且承欵留少住未刻往彼得爾行宮殿宇鋪陳華麗耀目園中
水法三十一處皆用鐵管百十支埋地中激水上騰高十餘丈
如水晶柱濺玉跳珠池内滿而不溢有如玻璃罩下垂者有如
匹練懸崖者有如珍珠簾挂于方亭四隅者其巧甲天下矣雖
未及見國主而備與遊覽晚復設宴公所遣官欵待禮意優渥
初十日雨午刻孔公來送承照料行李並代雇車臨歧有惜別
意車極大中分小屋六七間走巷二厠屋二住十餘人綽然也
入夜几榻安眠無行役苦
十一日雨未刻至俄布兩國界换車計一千三百里地名汗太

昆又行至馬林博爾鐵橋長三里許高四丈兩旁作花幃形彼處河水甚溜費一百五十萬金始成

十二日陰卯刻又行一千二百六十里至布國都地名伯爾靈午刻拜客街市整齊樓宇高峻周三十六里人民二十餘萬前日與墺士里亞交戰大勝（布國東西二千里南北一千一百里其地古爲北狄所據南宋時屬日耳曼康熙三十九年乃自立國嘉慶十一年法人割其境土之半遂削弱後六年布人不悅法政思故主合攻法師遂復故土地分東西兩土共八部產銅鐵絲布鐵器最精工細若金銀造磁器尤良堅緻不亞華產西部產鋼鐵造炮甲于太西）

十三日陰美國司使臣答拜約次早飲其家戌刻往茶園戲劇已散園中燈火通明樹二株花葉皆五色玻璃燈光燦爛間以水法又有亭用玻璃作冰山形內罩蟲鳥照耀可觀

十四日小雨往美國館途中經過園林頗幽靜司公邀同車遊王陵園中橘樹數百盆高過屋簷花香襲人陵寢工石精美王妃石像如生是日總理哈姓來拜告以王在軍中妃聞中國使臣來請見戌正二刻入宮燈火輝煌妃云寡君在軍中聞中國天使到此願永好無間知行期匆促故請見俟王歸向述也是日申刻英國使臣邀飲副使文卓祺會至中土

十五日巳刻乘火輪車西行五十里至博爾屯行宮乃無人門多立一老嫗問有照據始啟戶延入良久覓一人來云係園官導看數處又赴一宮亦先王所搆橘樹百餘盆成林申刻歸寓畫師照像大小各張均佳亥刻乘火輪車登程

十六日雨巳刻過𨠏挪爾國（普魯士二十七國之一）申刻至可倫（布國西部）產煤鐵與鋼有斐姓開局鑄鋼炮極大者重二萬斤價銀五萬兩次者價五六千兩各國多在局定鑄各爐均用火輪法大錘重萬觔一擊其聲震地炮子重百觔形長首尖內實火藥敵船包鐵厚五六寸者能洞之通局工匠二萬五千人觀畢設席斐姓夫婦陪坐戌初換車前進是日行一千六百里

十七日寅刻行七百餘里至比利時都未刻拜各國使臣街市整齊樓閣峻麗周三十餘里戶口三十二萬有奇（比利時北距荷蘭南接法境長約六百里廣三百里本為荷地明時隸西班牙康熙五十三年為奧地利亞藩屬後為法王拿破侖兼并嘉慶十九年復歸荷荷俗尚耶蘇教因與西班牙搆兵數十年比地毘法界從天主教與荷不相能道光十一年拒戰久法人助之荷師退乃

自立國

十八日晤總理歐大臣伯爵巳刻本國人甘美倫來見曾在浙江上虞縣襄辦軍務者晚往本國人好姓來時同舟家中小酌

十九日以上晴雨無定故不書 歐公答拜早問往公所看各國軍器嗣閱本國雙筩槍及刀劍各器比律悉都城名鋼鐵爲西洋著名利器非虛也

二十日晴巳刻拜甘姓午刻國王及妃約入宮王英武過人三年前曾至中國粵東告知大臣相待均好問予海舶顛簸能慣否予答以風濤頗慣王后均有喜色知予不克久留屬就近遊覽因易輪車西行百餘里至安托爾海口周歷數處地方繁盛

疆吏由電機得信駕車以候行宮懸畫百餘皆古名手所繪人物如生室中修補處畫匠一人無手以足指調色點染亦一奇也

二十一日晴英國王佛爾大臣招飲陳設富麗餚饌精美夫人美而賢蓄異花甚夥係由南英里駕及他國來者一一指示且云聞中國風俗甚嘉極爲傾慕惜尚未親到耳

二十二日陰巳刻登程西南行六百三十里申末至巴黎斯法國都舊遊重到街市依然而都城壯麗鮮明甲于西土

二十三日晴拜總理大臣並各國使臣申刻遊窪得不倫太園林木深蔚河水迴環石洞通人行上懸瀑布寬丈餘如匹練戌

刻同人約觀劇演前代太子納妃事極水火變化之奇

二十四日晴申初看馳馬戲園内三里許男子扮演各國服飾及戰鬬狀新奇悅目又有猴走繩狗馳馬皆未曾見

二十五日陰辰刻出郭乘火輪車行六十里至行館樓屋高大周遭百餘間繪昔年與各國交戰圖神情逼眞管園官導觀水法多處均甚佳末一處地極寬廣池中石雕海獸噴水直上高十餘丈如玉柱百餘排列可觀是日禮拜男女來觀者約二萬人有司慮擁擠飭弁兵數十名隨車護送

二十六日晴遊生靈苑苑中樓藏奇石數千種諸鳥獸魚龍骨大者專車又一所收各國人骨其小兒胎骨自一月至十月及

數歲者各有標識異骨如一身二首二身一首者甚多夜看馳馬戲有立馬上飛馳手擲木球球大於斗兩手換抛三球觀者拍掌女子馳馬躍圈圈徑三尺糊以紙人執立道旁女縱馬疾馳躍起破紙過圈仍立馬上馳如故周遭連破二十圈眞如飛仙矣

二十七日晴夜觀戲法十數局每局當場變化皆奇異可喜如木人點放火槍懸鼓空中自能擊響倩人登桌上以布罩罩之用火槍對罩施放啟罩人已不見種種匪夷所思筆不勝書

二十八日陰德倭理文約觀劇

二十九日陰在寓以中土烹飪飯客皆欣然

七月初一日前回回國總領事伯姓招飲屋宇陳設多仿回製憑欄望園中卉木幽靜可喜是日至電機信局問馬塞開船日時頃刻回信答以初十日申刻往中國船開行計程二千里其應如響

初二日早雨詣施醫院有堂樹十餘所調養病人患者寢處其中衣被飲食無不精潔病愈乃去費用均出公捐未刻拜美稅司

初三日晴夜觀馳馬戲末一局臺上設山岡數層高下皆有居人扮回回國男婦百數十人俄而作戰鬬狀馬數十騎上下交騰槍炮環擊烟餤蔽空男女奔竄山谷形狀頗能驚心動魄

初四日陰出郭三十里至教場看演火槍有至六百碼者每碼合三尺零又十里至美國人司普納來時同舟戚家早飯偕往各營房看演技勇回寓酉刻葛提軍羅招飲器具頗精盂盤皆楷書葛羅字庚申秋曾在北京立和約者

初五日陰雨是日往照像

初六日晴係彼國八月十五日國王生辰街市皆立大旗通衢安玻璃燈數百萬盞城鄉遊人塡塞宮前大街長數里陳百戲夜放烟火奇妙無比有如中國流星起火者高入雲表空中散五色明燈璀璨滿天燈火通宵不息有用電氣燈照耀樓臺異光奪目

初七日晴相識者多來送行

初八日晴酉刻起行戌刻乘火輪車自巴黎開行徑往馬塞

初九日晴子刻過里昂巳刻至馬塞住計程一千九百餘里舊寓重來人情喜悅晚至美里登之兄寓中樓臨海濱月臺寬濶望月觀海極清談之樂

初十日晴午刻登舟申初始開

十一日晴過沙台島午刻至峽四望山巒層疊景象依然

十二日晴申刻過思得昂伯里火山晚至意大里國埔頭名墨西拿燈火萬家水濱照耀停舟一時卽開自馬塞至此一千六百二十里

十三日晴午正又行三百八十四里距麥西國阿里樹三它牙二千一百二十四里

十四日晴午正行八百里連日天朗氣清波平如紙至夜月明如晝同人請吹簫以賞之時夜將半有少婦憑欄望月若有所思法人德善以同鄉故知爲來西國商之婦少從父在中華今由馬塞同來者倩作歌歌聲悽惋動人想廣寒宮羽衣曲不是過也因江州司馬琵琶行有此情景爲作長留吟一章

十六日卯刻又行一百一十里至阿里格三它牙午後發行李及客貨戌初乘小舟登岸乘輪車一夜行八百三十餘里

十七日巳刻至蘇爾士復乘小舟行五十餘里登格爾輪船

鐵香室校印

十八日住舟中上客貨用小舟撥儎來者計十餘船
十九日晴戌初開船
二十日晴午正行六百二十一里
二十一日午正行七百八十六里連日晴熱此後仍夏衣
二十二日午正行七百九十二里苦熱
二十三日行七百九十里連日苦熱
二十四日午正行七百八十里連日皆晴戌初又三百里至亞丁住
二十五日早飯後登岸至客店小坐申初開船亞丁山形奇峭崢嶸危峰叠嶂如見李成畫筆

二十六日午正行六百七十二里連日舟行在赤道北三四度熱甚作苦熱行夜不能入艙宿布席樓板露臥

二十七日大風陡涼易單夾衣午正行七百二十里入夜海水皆亮如積雪千里一色舟人汲起清澈無所見置暗處內有亮絲縷縷皆不解

二十八日大風仍涼午正行八百四十里

二十九日午正行九百里風漸平連日皆東向行自亞丁以南舟兼東向行日約九百里在三四度之數每日天時皆短一刻許蓋自東而西追日行自西而東逆日行故也來時携時辰表二其一則按舟中正午隨地推移每日至午正約遲一刻一仍其舊二表逐日相較至巴黎時彼之正午乃中土戌刻矣迫往倫敦西行又三四度故又遲一刻今由西土東回每日皆縮一刻餘過新嘉坡以後遲速始一律也

三十日午正行八百四十里雨日有陣雨
八月初一日午正行七百八十里是日陰夜雨不止
初二日寅刻雨漸止陰黑異常起視海面如白雲密布有光可
鑑豪髮登樓遠望如然億萬明燈光照海水皆詫爲異巳刻始
晴午正行七百九十二里
初三日未刻泊舟錫蘭風潮極大乘小舟浮巨浪中登彼岸住
阿姓客寓院宇幽僻木芙蓉已作花夾竹桃尙灼灼墻頭刺梅
芭蕉漸有中土景物登樓觀潮極天下之勝景
初四日仍住客樓飽看大潮按錫蘭爲五印度極南大島長千
餘里近爲英人立埔頭設炮台以衛之島前數十里大石森列

潮激其上如雪花高數丈噴薄四散較浙江龕赭兩山束潮之勢更覺洶湃店主婦之子官印度婿亦賈于島中以錫蘭全圖見贈自書姓名月日其上述彼處情形甚悉

初五日晴未末登舟波濤極險酉正開行震蕩終夜

初六日晴午正行五百八十二里午後雨

初七日陰午正行九百五十三里

初八日陰午正行八百一十里連日顛簸舟中不能作字

初九日早見蘇門答臘山波漸平午正行七百六十里

初十日午正行七百五里

十一日午正行五百九十五里辰刻見山島孤立樹木青葱午

後海中水母甚多千百成羣浮游波際夜雨極大昏黑不能辨方向停舟兩時申刻始到新嘉坡

十二日登岸往客舍一游悟二月中旬過此憑欄啜茗觀海中遠景甫及半年而往返八萬餘里已帆歸天外矣酉刻回船即開

十三日午正行六百五十里

十四日兩午正行五百八十五里是晚風雨大作波濤湧起幸不久卽風息雲散皓月當空

十五日卯刻行五百五十五里至安南國聒粤商張霈霖酌酒竟日作中秋之舉又得飽食中土物也是行遊法國公司新造

屋宇樓高三層需費六十萬金張霈霖邀往酒樓午飯

十六日辰刻往觀鱷魚未果午正開船是夜亥刻月食既子刻復圓

十七日午正行七百二十里西面見越南山島

十八日午正行六百六十里蘇門答臘新嘉坡等處正居赤道之下東西二萬里內終歲晝夜平分無冬夏長短之別越南以北距赤道漸遠太陽出入時刻隨地不同如在瑞典芬蘭地居極北夏日半年為晝冬則半年為夜理固然也

十九日午正行六百四十五里連日過七洲洋風大舟甚顛簸

二十日行七百二十里申刻始至香港

十月初七日抵京

謹按外洋各國自道光庚子通商來中華者爭先恐後而中國士大夫從無至彼國者同治丙寅正月斌椿奉
命往外國遊歷各駐京使臣聞之皆甚喜計自津沽登舟遵海而南凡逾六省至香港始易巨船放南洋過越南暹邏兩國境折而西至錫蘭（南印度大島）又西北至亞丁（阿喇伯境）添儲薪水糗糧至麥西國都登陸由地中海易舟至佛郎西英吉利荷蘭丹麻爾瑞典俄羅斯普魯士比利時各國都凡乘火輪船十有九火輪車四十有二形式各異所經各國山川險塞與夫建國疆域治亂興衰詳加采訪逐日登記其國人之官爵姓字以及鳥獸蟲魚草木之奇異者其名多

非漢文所能譯姑從其闕至宮室街衢之壯麗士卒之整肅器用之機巧風俗之異同亦皆據實書無敢傅會舟車所至九萬餘里馳驅道路不暇分類紀載其缺略者間補註于本條之下故無一定體例云

祇椿 謹識

黄梅宛立敳校字

沔陽李世勛覆校

出洋瑣記

出洋瑣記

不分卷

〔清〕蔡鈞 撰

清光緒《鐵香室叢刊續集六種》刻本

出洋瑣記

戊戌孟春

宋輝漢作

沔陽李氏鏡香室本

出洋瑣記

燕山蔡　鈞和甫

鈞於辛巳秋奉調出洋隨使美日秘三國自香港鼓輪啟行經日本越大東洋而抵美洪濤撼地巨浸稽天汪洋萬里茫無涯涘航海者以此爲最遠歷程凡二十七日居美京華盛頓三閱月隨使節至紐約由紐約登舟越大西洋而抵日斯巴尼亞使憲遂命留日都參贊使事兩載之間雪泥鴻爪小作勾留凡一身所閲歷耳目所見聞不無可書略誌梗概俾未至海外者可作卧遊資非敢云游記也

海外郵程紀略

由香港至美國由美至英法日各國計程七萬餘里此謂環地球一周自香港啟程約行六晝夜抵日本之横濱計華里五千二百餘里横濱爲日人與泰西諸國通商一大都會輪船至此停泊三四日不等如欲登岸游覽可乘小艇亦可另覓寓館小憩兩岸排列多手車日人呼爲人力車往來各處甚便捷其費亦廉惟須操東瀛方言則不至鑿枘耳華人行賈於横濱者浙閩爲多設有中華會館有事於彼集議焉我 朝設立領事駐劄繙譯文案各一員以理商務署在會館之左規模亦頗宏敞由横濱至東京一百二十餘里輪車一時可達東京舊名江戸爲上將軍所居開幕府焉今日王駐蹕建都於此遂號東京房

屋巍煥街衢寬廣貨物殷闐殊有都城氣象也我國欽使公署設於永田町與泰西列國使署衡宇相望堂皇宏敞足壯觀瞻客至東京游覽者一日儘可往還自橫濱出口汪洋靡際島嶼皆無直由大東洋約行十六晝夜乃抵美國屬地嘉釐符尼亞一譯作三番息士郭郎粵人所呼舊金山也由香港至此計程一萬八千六百餘里船泊岸旁馬車之待雇者絡繹不絕其地有我國總領事署在兀勒士特力街客館寓樓逶迤相屬有著名最大之逆旅曰卜勒斯樓閣九層高凌霄漢危簷蔽日複道橫虹階除則砌瓊鋪玉棟宇則錯彩鏤金一至夕間電鐙千百盞射紅流紫壯麗甲於美洲居其中者按日取銀五元由嘉邦至美京華

盛頓預日買定輪車有牀可睡者需銀百元是處車例準攜行李一百五十磅逾重每磅加銀一角五分是處啟行先渡海峽由車房預備輪船行三刻許乃抵屋倫馬頭登岸即上火車車廂容坐二十人每一點鐘行二十五買或三十買不等買泰西里數名約中國三里許每日早中晚三次停車以便搭客下車授餐所停晷刻至速遲則不及也自屋倫發軔約行三晝夜至一站名阿媽華乃美之屬省由此換車車行漸高渡山涉嶺而前最高處去海面八千二百五十尺氣候甚寒自阿媽華約行一晝夜至一站名西嘉郭乃美之鉅邑也轂擊肩摩頗稱繁盛由此停車一時許換車再行其駛倍捷每點鐘約行四十五買自西嘉郭啟行

約三十六點鐘可抵華盛頓都城沿途所見林樹蓊鬱田疇平曠村落墟里歷歷可數迥異荒寒境界氣象爲之一新較之日前所經奚啻天淵自嘉省至美京計程一萬二千五百六十里須行七晝夜我國駐劄美國使署在懿時士特力街由美京至歐洲須取道於紐約然後登舟渡海紐約城在都之東北隅爲貿易之總滙繁華之勝集巨商善賈悉薈萃於此爲每日晨午晚三時均有火車往還計六點鐘許可至城中第五街有寓館最宏敞院宇崢嶸陳設華煥推巨擘爲近日新設領事華人之居其地者約四五千欲至歐洲須在紐約購買船票上等約銀百圓船泊岸旁由寓館乘車直達舟行大西洋中約八晝夜抵

英屬之君士湯埠計程一萬一千里停泊時許添儲煤炭旋即啟行自此抵苗尼細河約八百七十四里進黎佛浦海口又十九里投遞信札者乃登陸行船主即以電達黎城自紐約至黎佛浦計程一萬二千三百六十二里其風濤之浩瀚船艦之鉅稱天下最船即進口並不泊岸另以火輪駁船裝載人客行李行三四里抵評瑞士馬頭登岸之時各客行李須自檢點此處寓館以立士威士頓爲著名英國公司郵船均泊是埠華人之爲木工舵師者多至焉自黎佛浦至倫敦乘輪車行約三時許計程七百三十六里上等車位約金錢三磅有半倫敦爲英國大都會繁盛冠乎歐洲周廣五十里人民數百萬衆商雨集

百物雲屯操朱提以入市屢求無弗得寓館之最鉅者曰冷恆典麗裔皇殆無其比我國駐英使署在撥崙卑理士特力街由倫敦達法京巴黎舟車竝用需費十五圓自英京抵都發海口計程二百九十里車行約三時許然後登舟航海海面約八十里天氣晴明彼此可以相望惟海中波浪翻騰船身顛簸客多有嘔吐狼藉者過海爲法之嘉勒馬頭此處建築城垣形勢雄壯附城礮臺聳固異常蓋法人扼守險要特以防英者諸國通商口岸亦卽在此既登岸司車人卽將人客行李檢點齊集代攜行李者酌賞小銀錢數枚行半里許至城南車房換車再行自此由開利至巴黎約行六點鐘計程九百里寓館之宏敞華

美者推革蘭阿特兒惟價值過昂使署人員往來法京者多住珊思勒塞街我國駐法使署則在八拉士得羅街法京氣象規模與倫敦相埒而屋宇之華美日用之奢侈似又過之雖經亂後仍不減盛時焉自巴黎至日斯巴尼亞國古名西班牙每日晚間八點鐘開車約行七時有半抵漢戴則出法境而入日界矣再行至一地曰依拱暫息易車行二十有一點鐘抵日國京城馬得力自巴黎至此計程三千八百五十里日國都城衢路開廣衙署宏整危樓傑閣連甍接棟我國駐日使署在嘉冶亞雅拿街

日都風俗紀略

日斯巴尼亞向與葡萄牙併爲一國號大西洋他如南亞美利加洲之墨西哥各國皆其屬地版圖恢廓固居然一大國也嗣後各立君主不歸日國統轄其勢稍衰然規制猶存富强足恃俗尚豐盈人多豪爽好奢靡喜華美其積習然也馬得力都城不過十有五里而所設大小戲園亦如其數春冬兩季各園均於晚閒開演燈火輝煌笙歌嘹喨往往自宵達旦其閒尤著名者曰歐扒拉譯言唱舞不用賓白各國都會皆有之所有優伶悉意大利人以其人世爲樂工精通音律故也觀劇房廂共分五層每層凡二十三閒每閒約坐六七人一二三層皆爲官紳所預定或四日一來觀或閒日一來觀上等需銀八百圓次等

三等遞減焉此外别設椅位四百餘座亦分三等而亦有預定者上等椅位需銀二百五十六圓餘亦遞減若逢新劇倉猝往觀一坐地需三十金凡入戲園先需購票然後得進每晚以八點鐘開演十二點鐘畢事凡到此園者男女皆用公服女子悉袒肩露胸君主君后亦常蒞臨園中備有君主坐位房大小二座大者遇君主請客始到尋常則至小房爲多每逢君主親臨觀劇后妃姊妹居前君主居後餘尙有戲園八所規模約略相同又其次爲小戲園六尊顯者不屑至等之自鄶以下無譏可也凡部院官紳巨商富室無不家有高車㢈有駟馬躡電追風四輪轣轆甚者馬十餘匹車五六輛誇富門靡以多爲貴中等

之家亦俱自備計一車兩馬芻秣之費月需百五十圓少省亦須八十圓每日皓魄未升斜陽將下馬若游龍車如流水羣赴一園曰勒低羅花木繁綺泉石幽深藉以娛目騁懷彼往此來絡繹不絕君后君主亦停蹕游玩焉昏暮各自散去國中官紳士商多好客茶會盛行多於列國每歲春冬無日不舉茶會倘富厚之家結納外官款延新客不設茶會者人多鄙之呼爲守財虜五月以後官紳士商多出外避暑八九月間始回都城夏秋戲園停演或行馬戲有一名園曰士碧力每屆夏秋之交晚間九十點鐘士女如雲結隊成羣遨之若鶩園延袤數頃崇樓傑閣霧棟雲窗別饒勝境四面悉用電鐙萬點明星輝煌若晝

入園之費人需銀錢兩小枚亦有演劇場有爲牽絲傀儡者態狀逼眞以供兒童觀玩有一所奏樂者凡六十人引商刻羽鏗鏘中節悠揚合度音韻克諧貴人多往坐聽每奏一巡衆皆擊節嘆賞遊人至子正始散城中衢市叢集處多加非館子正以前男女往飲者紛如也館中亦奏樂樂作男女跳舞以爲樂售茶者丑杪始得閉門鋪戶亦必至子正乃得憩息夜市之盛如此闤闠世家彼此探訪者必以夜必具茗荈餅餌以佐清談丑正客散始得安眠故日閒多晏起未正早餐始梳櫛盥沐焉申正乘車出外游歷抵暮乃回童稚多隨女僕眠起國中鬬牛之戲盛行每逢禮拜日申正開演戌正畢事至時往觀者不下二

萬人君主君后咸臨焉椅位需銀一二圓不等最下亦須半圓鬬法選健牛六頭兩人乘馬持鎗按轡從容以出以紅布蒙馬眼别有十餘人身擐鐵衣手執紅綢一方隨縱牛出各撩撥以侮弄之牛驟怒奮角相觝乘馬者徑前以鎗刺牛背牛暴觸馬腹人馬俱仆執紅綢者導牛至别所所仆人馬再起與牛鬬牛背被鎗三四次馬亦腹洞腸裂而殯人與牛鬬須勇士八人四人爲一列各持二尺許短鎗以刺牛脛鋒刃陷入不得脫而其人不爲牛所傷方爲高手最後一人左持長劍右執紅綢出與牛鬬以劍刺牛腦直貫牛心牛乃吐血倒地每鬬一牛馬之被觸死者必三四匹此中殘忍所不忍觀而國人多好之殆習俗

使然歟聞國王欲申禁令舉國若狂竟不能行每歲西歷二月
戲園舉行跳舞會上自爵紳命婦下逮碩士名妹無不麕至入
門購票女需銀一圓有半男需銀三圓不習跳舞者另賃一房
價值十圓跳舞之際男女各自擇偶樂作則作樂止則止進退
疾徐曲折盤旋皆以樂音之宛轉抑揚爲節女子入場多戴面
具變嬌婉之音爲雄壯即素所相識者亦竝不知彼爲何人若
有識破其廬山眞面目者則彼必來前嘲笑雜生詼諧閒作斯
時也耳鬢相摩履舄交錯墮珥遺簪捺胸捉腕竝所不禁曉星
熒熒乃始散去誠所謂極樂世界也別有戲園曰哥卑的牙自
申至戌凡舞勺之童未笄之女皆可入而學習焉自二十四至

二十七凡四日爲嘉那華會每日午後羣赴嘉冶革士街馳車游覽是街長亘數里兩旁觀者如堵牆大小馬車往來如織計不下千輛領有官票者得馳中道領票之費四日需銀百圓少亦需五十圓無票者車行兩旁車多行緩從午至暮亦不過往返數次而已於時士女盈衢悉戴面具亦有男作女粧者撲朔迷離雌雄莫辨拱立車旁任其嬉戲即逢君主君后之車亦無所避君后亦並優容以答之笑談無忌普慶臚歡此亦古者與民同樂之遺意也此外有貧民洗足會君主君后親臨焉君與貧男洗后與貧婦洗洗畢賜讌異常優渥亦畀金錢以示寵異其入會受洗之男婦皆年臻耄耋者也屆期前後三日自君主

以逮軍民咸步行不得乘車西俗如此由來久矣通國分四十八省各省方言皆可相通所異者三省而已一曰甲答蘭省一曰珊士鉢司顛省一曰安得魯西亞省此三省士音迥爾各别通國中分爲四黨一曰君黨爲之首者有二人焉爲嘉那華爲沙嘉士答一曰民黨推爲領袖者亦二人爲幹先和爲嘉士德拉八年以往國人驅前王后出境羣議欲立嘉士德拉爲總統蓋其才辯鋒利學問淵博深足以服人也或曰後日之爲宰相者必在此四人中因此四人爲民望之所歸輿情之所洽國人必公舉之也且國之例宰相及各部尚書三年一易亦有一二年卽更者相臣致仕退位則以下各部尚書亦並辭職去由上

下議院各紳公舉雖君主不能獨操其柄也尙書共分八部曰戸部曰吏部曰外部曰兵部曰刑部曰工部曰藩部曰海部凡得公舉爲各部尙書及出外使臣者必其人曾三任議院紳士或爲正副首領或作議員方可充當西國遴選使才尤爲慎重必家資殷實兼通數國方言者方應皇華之選蓋出外使臣貴乎能支持大局通達時務聯絡情誼以固邦交非若寒畯者流徒知節省致損國體而至見輕於友邦耳國中爵紳有三等公侯伯是也而其中又有世爵功爵捐爵之分公爵最貴納貲所不能得侯爵伯爵均可捐侯爵捐欵二千五百圓伯不過二千圓然亦僅有虛銜多爲國人所輕國有大事不得預焉世爵功

爵每遇朝賀必至於時君主升殿坐右君后坐左君姊妹以次坐殿旁爵紳命婦立於後此朝儀之大槪也國人無論富貴貧賤必取小名多以天主教中古聖賢名字名之故君主君后多有與庶民同名者無所避也每遇古聖賢誕日與已同名者亦得祝釐稱觴名曰賀三多饋獻禮物絡繹不絕君主君后出行一車兩馬但稍高大二從騎前行爲導而已禮儀之簡如此每逢禮拜六日酉初必臨會堂誦經旣畢必詣花園馳騁爲樂是日從騎數十員頗烜赫於異時君主乘車出游貧民在道旁脫帽致敬君主亦必答之以禮不恃貴以賤民有古遺風焉

出使聯絡略述

記有之曰禮從宜祀從俗又曰入境而問禁入國而問俗歐美兩洲風俗與中土迥異既已出使他邦不能不從俗周旋泰西之例款待公使無論國之大小視同一例無區畛域無分輕重焉如南美洲之郭郎彌亞國亞亨定國均蕞爾彈丸也而此兩國公使每値禮拜舉行茶會日國之部院官紳列國之公使無不咸赴兩國藉此以厚情誼通往來敦交際蓋聯絡一道出洋所斷不可少者也以西班牙論之國分四黨而四黨中均有會目以主厥事平日無事之時可與之往來酬酢晉接晤談則他日遇事易於商辦不致齟齬蓋民間公舉宰相總不出此四黨會目之中軍國大事雖由上下議院會議而相臣之得持其權

者實半爲議紳多屬相臣同黨同一事也出自聯絡官紳者所請自與尋常有別有時相臣以爲可行則議紳必不至多方駁詰也議紳以爲可行相臣或不至獨斷以爲否也何則平日情誼之所浹洽也卽如美都院紳中有畢君摩君者前日屢議禁止華傭者也自與鈞交相處漸久然後兩君皆知禁止華傭之非是又如西班牙爵紳中有數人與鈞交好允密常以古巴呂宋兩岸須行華人憑照爲苛政上海各處出售呂宋賭票有干例禁此兩事皆可由使署大臣照會外部會議於上下議院無不準行足見既與交際其爲我代籌國事者無不持平而適當也惟聯絡一道用費似爲浩繁別國公使有竟入報銷冊中者

或亦有公使家貲殷富自行解囊者至中國遣使出洋總署於薪俸雜項之外從未議及此欵竊以爲嗣後要宜於此加之意焉蓋出使人員持節遠至數萬里外歲糜國家帑金鉅萬旅居人國孤寂無聊所聞異方之樂所見絕域之人苟非以禮文爲之覊縻情意爲之維繫深交締好道密跡親又安能使之盡情傾吐於我哉誠能與之聯絡其隱爲我國家裨益者夫豈淺鮮故竊願今之爲出使人員者毋急私以廢公毋居安以忘危毋習近而昧遠收聯絡之效於海外是則我之所望者也鈞駐日都每舉一茶會輒費千金當事者即捐俸貲爲佽助亦難爲繼然竟謝交遊絕酬應亦無不可一遇公事不無掣肘而國人多

以鄙吝目之雖有使署亦若無耳顧酬應亦有省費之一法日俗春冬二季自十一月至二月每值禮拜爵紳舉行茶會由申正至戌初僅設茶點果實客來多者需二十金少或十金月凡四舉使署亦可仿此而行茶葉磁器購自中土并可以此爲贈遺西人情性多近豪爽尤易相處若以齷齪卑鄙慳吝酸腐者處其間必至格不相入也鈞承日國官紳所不棄慰問獻酬殆無虛日從容敘論之際必爲之言孝弟忠信兼述一切因果西人但知俯育而不知仰事聞言無不躍然而起生歡喜敬謹心時稱道之以訓其子弟由此觀之聖道之行於歐洲固易易也而亦自酬應中來酬應固可廢乎哉

各國風俗略述

泰西列國風土民情與我國上古之時微有同者惟三綱五倫似與中華略異耳中華尊君而卑臣貴陽而抑陰敬老而慈幼西國則君民共治也男女並嗣也尚少壯而輕耄耋其子既有室家則與父母分居各爨惟值禮拜則子媳食於翁姑家一餐即去平居彼此雖有往來宛同賓客所謂問安侍膳者無有也所謂定省溫凊者無有也西人謂子已娶媳同居日久姑媳必不相安妯娌必不相睦子知大義必致夫妻反目若子聽婦言必至忤逆遠之者所以杜漸防微也兒女婚嫁十五歲以前父母主之十六歲以後任其自擇惟門第資財亦必相當乃始可

行鉅富之家男女皆得同分産業長子得貲由一倍至數倍者均有之弟妹毋得爭競焉大抵分析財産多由父生時預定將數目詳書於紙延律師簽名其後緘封固密藏於律師處雖子女不及知也父死始由律師啟示或多或寡兒女謹受之無異辭此風美國亦如是凡吏治之善否國政之利弊薦舉人才權收稅餉以及會盟聘問征伐和戰之事皆於上下議院集衆公議論學則重藝術而輕文章尚製造而禁倣傚若有獨出心裁製成機器可裨實用而利民生而制敵命者許其稟明國家畀以限期獨擅其利他人毋得仿造焉違則有罰用示鼓勵故泰西新奇各器日增月盛而歲不同心思材力蒸蒸益上由上之

人能鼓舞之也國中首重者曰商其次曰官又其次曰士重利而輕名各國所自有之利權別國不能相爭各國鼓鑄金銀銅三品之錢但能通行於國中而不能暢流於境外英法相距至近英錢不能行於法法錢不能行於英如欲行用則需貼費民間剏立公司如輪船如鐵路凡有利於公者苟或費用不足則發給金以助之民事與國事所以能聯絡一致也各國都會所建大戲園以壯觀瞻國家非但不禁或有虧折國家恒發給項以示津貼歐洲各國每見華人甚加優待日英兩國尤爲渥摯凡行衢路巡丁見之必脱帽作禮既恭且敬或有兒童隨後嬉笑者必驅之使去戒之曰毋侮遠人以取咎戾有時問以程途

必詳加指點法國近日待華人遠不如前美國上位之人待華人頗厚惟埃利士人則嫉華人如寇讎輒加淩辱肆侮雖美官亦無如之何以人衆也嘉紐兩省其薄華人尤甚法人通商西貢割爲屬地華人之旅居其地者受其苛政難以枚舉竊以爲航海至東南洋而達蘇彛士以詣西土者所有土人無不藐視華人幸與歐洲人偕彼不至肆其殘忍否則刼奪虜殺恐無所不至耳若使我　朝兵艦時至外洋以彰　國威而溥　皇靈俾其陸讋水慴亦豈至於是哉

日都小駐紀略

光緒八年三月十有七日鈞隨使節抵日都常患咯血疾日都

地高燥宜服凉劑行篋中所攜無多故治之鮮能奏效五月二日　使憲擬留余爲駐日參贊襄辦事務再三固辭未獲後命使憲謂將來秘魯等處開辦需員皆宜用日國語言文字子薌牙靈敏留此兼可學習其加意調攝勿復辭並賜參燕初六日叩送　使憲行旌即延西士哥君教習日文賦閒之日則偕同人出外眺覽或游園或觀劇流連景光聊以自遣餘日杜門不出朝夕皆有課程古人所謂藏脩游息不可偏廢也同人以鈞專心致志於西文歎爲僅見自悔十年奔走宦途聽鼓應官未遑西學今雖感激思奮恐已晚矣六七兩月咯血甚劇然力疾從公不稍閒斷久之漸得端倪略有心得案頭所揣摩者僅

華英字典而已欲求日華對語終不可得日都能識英文者殊鮮延訪經年始得美國教師但必往學而不肯來教乃訂以一禮拜中到館三日日習一點鐘同學友人招往小讌其父爵紳安君也相待之殷不啻家人父子席間備言日國風俗謂駐劄日都者二十餘國常設茶會與部院官紳往來何以貴國獨否鈞答以素抱採薪斂門罕出兼習日文未遑他及同事者以不稔方言憚於酬應安君曰兩國交際其益甚大子旣習日文宜時與日人周旋其功倍速盍常過我自此時赴讌會院紳沙君擬出外省避暑招鈞同行謂其地氣候溫和水土清嘉尤宜於病體且可代覓良醫鈞欣然從之六月二十八日偕沙君束裝

就道二十九日抵輝兒士城城北十里許羣山環碧衆峯峙青林木蔽虧巖壑秀美沙君大厦在山中園林開廣泉石清幽羣花若錦芳草如茵葢特建以爲避暑山莊者也沙君祖居輝城乃兄公爵也次日代鈞延醫診治鈞至此幾若別有一世界頓覺心曠神怡調養匝月病體霍然山中左近夏屋蟬連巍樓櫛比皆各爵紳消夏所居知鈞來咸相過從甚投契焉七月二十日侯爵郭君謂予曰巴省答省距此伊邇設有製造局講求新法何不偕往一游鈞從之遂與郭君往巴答兩省入各局縱覽一切洵大觀也其法略同各國惟織造絲綢洋布巧妙罕匹令人眼界一新爲前此所未覩二十五日回輝城聞日都氣候尚

炎熱遂再作十日之勾留八月四日鈞先回署後數日日國部院官紳各國公使人員漸由外埠回都於是各處茶會讌集多來邀鈞每見聚會之處各國公使參贊人員皆預焉始知安君所言不謬以前絶少出外酬應故於風土人情未得預聞今既得追陪諸君子後時相往來於交接之道聯絡之方略知梗概九月閒侯爵亞君科君與鈞言曰聞貴署陳設皆中華器具甚欲一觀以擴眼界可否定期代邀諸君來何如鈞曰幸甚既蒙

茲君親舉玉趾辱臨敝署丕錫寵光敢不如命以使署狹小一

林不能遍及乃定期九月初六十二兩日分設茶會部院官紳惊美士各國公使咸攜眷屬蒞止一時冠裳之盛簪笏之華蹌

濟趨承情文渥摯由是日都新報議論紛然獎飾逾恆咸謂中國使署較之往日奚啻天淵茶會之設各國使署皆來而中國獨否今則凡有聚會讌集之處中國使署人員亦與焉且特設茶會兩次到者無不贊美稱羨益慷慨豪爽藹然可親固有足多者以後茶會日增折簡來邀者日三四不能不至因此勞頓血症復作公爵德端君來言曰敝國官紳與英德奧意美諸國公使人員尤爲歡睦今都中人士交口譽君如出一詞甚難得也昨夕茶會未見賁臨殊孤人望知君清恙故來省視十月以來舉行茶會尤眾風俗使然以此爲倘荷可支持不可不至鈞思病既加劇醫無成效酬應日廣費用浩繁勢必難乎爲繼再

四思維惟有呈請　使憲或調回美國或乞假旋華以資調理十一月初猶未奉廻批且聞中法事將決裂粤垣海防嚴迫家書屢至焦灼萬分適朱苕原太守有法京巴黎之行所識一醫頗精岐黃術相約同往既至則醫已浮槎至中土矣同寅李湘甫參使留鈞暫住法京藉以養疴十二月奉　使憲札諭準銷差回華乃詣霍輝司敦上謁曾襲侯叩辭順往倫敦使署辭別同人陳松生都轉鳳葵九比部欵留三日藉罄離悰既回日署感受風寒痰湧氣喘呻吟牀蓐有薦德國名醫者治之始愈部院官紳聞鈞旋華有日皆來問視再四挽留正月下旬得駐法參使劉康侯觀察來書以與聯子振比部請假言旋定期二月

五日自馬賽登輪鈞隨即檢點行裝拜辭諸友二十七日接日國公爵活蘭魯芽來柬請赴廿九日嘉那華茶會活君前充駐法頭等公使者也鈞以病辭不獲謂此會三十年一舉行爲日都第一勝會君主君后以及部院官紳名國公使人員無不咸集並穿公服以肅儀文君雖疾不可不至二十九日伯爵勒君到訪述伯爵白蘭嘉意請赴茶會鈞謂昨已辭之矣勒君曰辭白君而赴活君之招未免有輕重親疏之見存焉鈞無以解遂與勒君偕往亥初登白君堂賓客來集者紛如益白君活君同日宴客多有先赴此而後至彼者白君與其夫人見鈞殷勤問訊請觀跳舞鈞見其趨蹌中節緩急合度周旋俯仰之間咸有

程式與歐美兩洲所見迥爾不同詢之葢百年前古法也所奏之樂亦皆古音頓令耳目一新歎爲觀止子初辭主人往活君府第沿途繡幰雕軿塞衢路及門電燈輝耀五彩繽紛光怪陸離駭心眩目異卉奇花芬芳外溢入門活君偕夫人立屏外執手爲禮略敘寒暄活君曰今日之會所見皆今古衣履眞可一擴眼界耳屏內爵紳命婦俱立兩旁男女所着衣冠履舄有千餘年以前者有數百年以前者愈古愈佳亦有雜出中華冠服者五大洲中男女服飾奇製異粧無一不備至於華麗貴重甲於泰西者則有侯爵拉夫人之衣以鑽石結成其值三十五萬圓侯爵滿夫人之衣以珍珠攢簇其值二十四萬圓光華璀

璨照耀滿室中國之所謂霓裳羽衣恐未足語此也丑初君主君后君姊妹咸臨各皆鞠躬前迓主后即入跳舞廳隨衆跳舞鈞旁立靜觀既畢次第與爵紳言見鈞即問安好且言聞之諸臣爾交游慷慨甚爲國中人士所欽羨爾好談孝弟忠信之道因果報應之說果有之乎鈞敬對曰此中國風俗使然平日父師之教子弟以此爲本屢承爵紳下詢遂爲之道及耳侯爵拉夫人旁答曰中國愛老憐貧孝親敬長殊可令人歎羨此歐洲之所不及也惟婚配主自父母似稍遜耳君主曰中國尚倫常重親命婚配之事由乎父母理固宜然也因詢鈞曰聞汝將返國信否盍少留爲敝國光俾得時聞緒論鈞對曰病軀不敢戀

棧不得不返主曰重來何日艮所深盼鈞曰得藉寵靈藥石奏效自當遄返因問何日啟程答以即日就道君主君后隨出手相握曰惟願一路平安風順瀾靖鈞當即鞠躬致謝君主君后待人優渥如此可謂賢矣諸爵紳咸欲設筵祖餞鈞皆力辭丑杪回署偃卧竟日二月朔日晨折簡來招者十有九人悉辭不赴往別諸友皆有依依不忍之色沙穆兩君家數齡之兒女知鈞將行哭泣弗止蓋沙穆兩君之待余固不啻家人父子也署中朱太守鄭二尹特敞離筵勸以别酒略罄一樽即唱驪歌自念駐日將逾兩載中閒酬應官紳追隨賓客應對周旋幸無隕越雖不足酬　聖恩高厚於萬一而碌碌因人成事之嘲或可

免矣夫

自日旋華節略

光緒十年歲次甲申二月初一日未正自使署啟程逺至車房爵紳滿沙穆三君咸攜眷屬來送行所購上等車票有牀可睡行李巳爲安頓車將展輪諸友紛然執別或有抱腰接吻以致涙愛者沿途一切巳託友爲照拂鐘聲既響車行由緩而漸速迴視諸君尚鵠立車房以手相招也鈎斯時心緒如焚病體加劇竟難安坐偃卧終日而巳戌初至勒萊灑地方停車客皆下車授餐余病莫能與同行友長君令寓館送餐來實難下嚥戌正車復行初二日午正抵巴士郎拿薩君昆仲西友十餘人皆

立俟車前則以昨夕接沙君電音也薩君邀至其寓已招其兒女從壽館回與鈞作別未正薩君太夫人及姊妹子姪咸來一見卽謂鈞容瘦於往時立延醫至令加診視旣服藥餌心痛略止巳督嘉君邀謙辭之薩太夫人時來問疾欲留鈞作十日勾留鈞答以明日就道準抵馬賽已約友人在彼同行矣薩太夫人以旣欲速行宜早安息是夕耿耿不成寐昧爽諸友羣至挽留再四情意殷拳下午與諸友言別不覺涕泗垂膺薩君兒女攀襟攬袖號咷出聲未杪登車薩君昆仲相抱痛哭鈞亦揮淚不止黯然銷魂惟別而已江文通所謂傷心動魄者不意於鈞身親見之且在乎異域中也豈以萬里羈人孑身逆旅而得二三

親愛之人遂不覺其情之感人者深歟於時巴省提督與塞君母女偕來送行塞君之父日國鉅紳也前日巴省議政院由其倡修規模宏遠又剏設煤氣公司建築鐵路今雖逝世而遺愛在民日人思之弗置塞母年將古稀而精神煥發曾偕其女遍遊歐美兩洲經歷數十國女善撫琴名著於泰西遠近操絃一曲聽者神移前於讌會之時曾得瞻其顏色塞母欣然有游中土之思謂五大洲已歷其四中華爲名勝之區足跡不可不至謂鈞明年春以爲期可圖良晤巾幗之儔猶自忘年邁而有志遠游如此泰西風俗可知已塞君以印度氈一襲持贈藉以禦寒甚可感也鈞以名刺百枚畀薩君謂此行殊匆促日都諸友

未及握手言別請以此遍辭之并道歉仄晤談既久鐘聲琅然遂行戌正抵塞活約乃法國交界換車之地斯時風雨交作又無人代攜行李鈞以病後孱軀左提右挈下車行未十數武暈仆於地刻許始醒見西人環集身旁三西人挾鈞起代攜行李至法界車房鈞尚不能言惟偃卧而已亥正有西人將鈞行李置於車中扶鈞登車旋即展輪初四日辰正抵馬賽住格郎德寓舍至寓見一箱已開異之啟視檢點則失金錢九十磅并銀票貴重物遂告寓主同往輪車公司理論公司遣人到驗實係被竊當代追緝隨以此事電達巴士郎薩君及日署朱太守子正劉觀察自巴黎來告以故觀察亦甚駭異與籌船費一時無

以措置鈞至此愈形焦灼寓主勸以下次啟行鈞持不可寓主曰君如決意欲行當代墊船費後由日都使署寄還鈞曰承雅意感甚請先同往與輪船公司商如公司許至中國付交幸甚不然當如君說及告之公司總辦曰本無是例然爲君故特爲破格襄在日都雅聞君名輒相心許緩急人所時有況屬遠人乎卽令司事寫票回寓劉觀察已登輪矣寓值十三圓無以給方躊躇間歡君來蓋薩君之表昆弟行也接電音後特遣之至令邀鈞回巴士郎鈞以船票示之卽欲登程歡君知不可留乃代畀寓值匆匆攜行李至船已將解纜矣歡君卽於岸上作別杪許船卽展輪稍遲則不及矣出外之難如此令人倍憶西友

之情重也劉觀察曰我意君不能來矣因告以公司破例給票事亦亟稱難得同行又有王司馬乃赴荷蘭賽會旋華者也兩日力疾支持益形困乏至此一心既定萬事皆空高枕作羲皇上人而已巳正二刻開行出口行地中海雖非大洋而有時風浪較外洋尤甚初五初六兩日風息浪平舟行殊穩初六晚子正抵拿波里城意大里之所屬也由馬賽至此一千七百里計行十八時有半初七清晨鈞稍能起立散步艙面以豁襟抱意人俱以零星玩物求售排列幾滿見客即拉襟講價又有攜樂器前來唱曲者無非冀牟微利泰西謀生之難亦復如此至午初起椗乃始散去拿波里城周遭甚寬廣屋宇參差高下鱗次

櫛比直達山巔亦頗輝煌壯麗此處土產佳果海中多珊瑚貿易殊盛東南有火山遙望之黑烟蓬勃自山頂起惜以抱病未能登陸一觀也自拿波里展輪行舟折而南十三點鐘至西理芝海港當蘇彝士河未開之先驛遞文報之船悉於此停輪焉今則改泊拿波里矣由此向西南行天氣漸暖初八初九兩日風緊浪高不能飲食因思曩由東洋至美洲風浪猛烈而未若今之艱辛豈以久病之後體質弱歟初十日風浪稍平舟行尚穩十一日辰正三刻舟抵寶賽此爲地中海盡處蘇彝士河之北口也前皆一片沙漠彌望荒蕪屬埃及所轄河口塔鐙高矗藉照行船是處與拿城相距四千一百八十里計行四晝夜船

泊寶賽劉觀察王司馬邀鈞登岸游覽小艇每人畀以小銀錢一枚不交艇戶而在岸有專收之人步行衢路閒闤闠景象髣髴天津之紫竹林所貿易往來者多回教及阿非利加洲人髮鬈面黑形容醜惡埃及婦女肌膚漸作黃色多用黑布障面僅露兩目灼灼視人狀若鬼魅殊可駭詫禮記之所謂婦女出必障面者其古風殆若是歟今泰西俱以輕紗甚合宜也街中時有毆詈爭競者風氣亦與紫竹林相近每街俱設加非館同入小飲館中有樂工一班男女合奏音韻激揚每奏一巡持銅盤以索犒多投以小銀錢錢收則樂復作矣繼往游花園乃埃及國人不日所成於時開鑿新河大功告竣埃及王將親臨以觀

焉國人乃以驢五千頭駝運土石花木數日蕆事卽以此爲正車停蹕之所園雖不大亦可見國人急公奉上臨事勇決之心也鈞以頭岑岑然作痛不能遠行遽返舟中傳聞北甯已失心益憤懣申初起椗展輪入運河行至酉正停泊河狹不可行故也十二日卯正舟行巳正又泊緣有七船由紅海來須待其過也泊一時許復行酉初抵河之中段曰亭摩薩自寶賽至此僅一百三十三里河西爲阿斯巴尼拉城十三日辰初起椗午正至蘇彝士計距亭摩薩一百五十里昔河之未闢也東西往來者多由亞勒散得登岸從輪車行抵埃及都城或小住三日或逕達蘇彝士候東來之舟沿途亦多風景可觀駝驢之載運客

貨者絡繹不絶於道故廛市頗盛號稱繁庶今則寥落矣河口外有新建屋宇由河口橫連西岸高閣聳雲層樓煥日是處設有電報局凡自歐洲達中國者由此轉遞未正一刻鼓輪舟向南行入紅海海形狹長兩面皆山天氣四時皆熱隆冬亦衣絺綌鈞以久病仍禦木棉遙見口外一船僅露尾檣口內一船船身皆現去年遭風擱石至今猶未設法取起航海之險堪爲心悸余詢舟人以紅海之名答曰言之長矣徵諸古史摩西拯民出埃及渡海若履平地法老率衆往追渡海海合衆俱陷沒後人因呼爲紅海云十四日天晴風順測望海面甚寬兩岸茫無山嶼與圖中所繪兩山如峽者差異以此見海之汪洋靡際也

十五日天氣甚暖改服夾衣餐時有僕人搖曳風扇矣十六日天熱益盛精神頗爽病體稍健聞明日可抵亞丁修書八函將寄日都申正有兵船由中國來泊舟待信酉初乃復展輪十七日遙見山島縹緲雲外眞若齊州九點烟也未正出紅海入口即渡大洋舟向北駛兩岸有山西南方荒嶼一片乃阿洲屬地也子正抵亞丁泊舟距蘇彝士四千九百七十里行四晝夜是晚出坐餐廳見運貨舁煤者皆黑人甚勤力作有一黑人告余曰昨埃及與英戰埃兵死者三千人英兵死者二百人甚慘也復登艙面眺望遇前駐粤之德國領事德拉君鈞詢其從何處來乃知由德至蘇彝士今將赴粤復見其國新簡駐京代辦公

使比君能操日國方言誦之知去年嘗駐日都曾經一面者也日本駐英公使森君攜眷言旋與其參贊房君亦同此舟彼此縱談丑正始散十八日辰正偕劉觀察王司馬登岸其地惟一片荒島土瘠沙紅寸草不茁房屋百餘椽皆黑人所居者也瀕海有酒館一所甚宏敞食物昂貴異常聞以前數十年不雨近則數年一雨故穀蔬不殖林樹弗生水飲維艱土人或鑿井或覓山溪之水經羊皮爲囊盛之而負於背駝羊甚夥載物行沙漠中咸恃其力氣候炎熇經歲不衣男女俱以花布圍身其地爲英國屬土相距三十六里許有亞丁城城有總督總兵官各一員以資鎮守焉此爲紅海之門戶往來印度所必經之地英

人所致意焉巳正回船見羣兒嬉戲水中如魚如鳧客以銀錢擲水中則沒而取之有艇人登舟向客索錢客或畀之則置錢於頂由船躍身入海隨將錢握出水面其技之神如此眞所謂狎波濤而輕性命者歟午正起椗舟向東駛十九日天氣晴明波平如鏡南岸相隔十數里一片荒蕪乃阿洲屬地二十五日未初遙見錫蘭島未正進口船泊閣龍坡此處乃極南海口英之屬埠也自亞丁至此八千一百十三里計行七晝夜一時有半英人建城垣築礮臺設兵駐守居民不多而形勢頗雄壯天時早晚如中土暮春正午炎熱相傳錫蘭爲釋迦牟尼成佛處佛之遺跡存焉土人小舟刳木爲之泿高輒濺衣襟殊不可乘

適有小輪船往來載客取資甚廉每人不過小銀錢一枚而已遂乘之登陸海旁洋樓數十椽尚屬堂皇鉅麗其餘廛市屋宇率多卑狹有若中土鄉落間土色淡紅土人肌膚俱黑男多裸體僅以尺布圍腰下貿易中人上著短衣下圍花布男子或有留髮不薙者兩鬢有如婦女女子多以花布爲衣穿鼻印度風俗使然也聞有二粵人居此多年其一已旋其一爲香山人娶土人爲室家開設烟店乃專售鴉片者來吸者多印度人或卧地或據牀情形鄙惡下流之所居也因此雖至不屑觀遂偕劉觀察乘車行約數里許至一古廟中供如來觀音廟宇殊小入門兩旁有四大金剛入內殿則見如來右手托腮横卧案上長

約二丈左廊有羅漢二十四尊右廊供觀音亦卧像也佛前均燃琉璃燈不供香爐燭臺餘與中土約略相同觀畢遂出司祝者請施捨乃出銀錢投小箱中廟門外右廊有小刹爲司祝啟門引入觀之則千手觀音跣足乘鶴像也出廟往遊花園林樹蓊鬱絕少花卉惟荷池甚寬廣有一小輪船蕩漾於中央園中別有博物院中有象骸數具鳥獸草木略爲陳設而已聞新建未久也繼入寓館令具晚餐既畢散步於寓館左右求售牙器玩物者甚夥亥正回舟二十六日晨聞艙面人聲喧雜往觀之乃鬻物者魚貫而來亦有兒童戲水索錢船左有長堤乃英人所築用以障水所費甚鉅錫蘭波浪猛急奔激岸石終夜有聲

不滅廣陵八月之濤舟亦有時爲之簸蕩自築此堤舟乃不復畏風濤矣巳正起椗舟向東行晚見北岸有山二十七八日風順其行甚駛二十九日雨風高浪湧左有島曰檳榔嶼英人之屬地也多馬來人所居右有小島二三乃屬亞齊荷蘭兩處界華人多居處耕作於其地遥望之樹木青葱可愛三月初一日舟行倍捷機鳴甚厲詢諸舟人曰期以明日下午必抵新嘉坡初二日遥見山地一片林樹叢雜乃馬來所居處也午正巳見新嘉坡島申正入口泊舟自錫蘭至此計五千七百里行五晝夜二時其地爲英國屬土酉初偕劉觀察登陸乘車至領事署訪左子興司馬詢以北甯事均無確音清談既久司馬邀往觀

劇優人皆粵產熱甚不能久坐仍回署中借宿焉初三日辰正左司馬以馬車來借游恒心園陳氏之別墅也外則洋式而其中屋宇皆華制鳥革翬飛異常煥麗園主人甚豪爽惜已逝世沒時執紼送葬者不下二萬餘人皆經其提攜蒙恩而受惠者也今其子亦極慷慨昔日家貲數百萬今則止六七十萬而已所有華人約十萬閩人居七粵人居三殷實富盛之家如潮人陳姓黃姓閩人余姓皆擁貲三四百萬席豐履厚他處所未有地所產甘蔗黑白胡椒為大宗出園游覽各處所見貿易於市廛負販於道路者皆中土人街衢整潔房屋華盛遠遜香港惟多平壤一望延袤或有計之者縱約三十八里橫約七十里鄉

閒耕植者亦皆中土人也風俗習尚髣髴如粵東天氣四時皆熱早晚如中土夏初正午直若中土三伏傭工者得單衣一襲可供一年之用故喜於此處旅居也游興既盡遂回署途中所見夏屋渠渠書大夫第朝議第者則陳黃兩家之居宅也雖遠隔數萬里之外旅居百十年之遠而仍復奉正朔遵服制不忘官閥之榮　皇靈之震疊不既遠矣哉回署後左司馬出感懷詩見示纏綿跌宕情韻斐然司馬既精英文而漢文又如此超卓殊令人欽羨無已午初司馬特設盛筵悉以華法烹煑久不嘗此味矣覺食指爲之大動洵快事也未正回舟司馬亦偕行遠送焉殊可感也本擬申正展輪緣搭客中有至荷屬之爪華

者須俟其船之至而後可行焉酉初船來客乃過舟酉正解纜開行出口舟指北行初四日晴舟行殊穩初五日申正登舵樓而遠眺微見塔鐙乃越南海口也酉正進口停泊以夜間不便駛行故暫止初六日辰初復行巳正抵西貢進口行一百八十二里自新嘉坡至此舟行兩晝夜一時有半計程二千四百二十一里碼頭在江之西岸是處爲越南極南海口屬嘉定省咸豐八年越人殺害教民與法起釁構兵法初欲取順化以道路崎嶇山嶺險巇遂舍之而攻嘉定數年之間屢遭敗衄不得已願割六省地與法議和六省中西貢最擅形勢法人設總督駐守而以水師提督兼固海防焉我國閩粵商賈遷其地者約

四萬人居法之各省屬埠者約二十三萬人凡自十五歲以上新至者需納身稅銀二圓一年以後納銀五圓近日又復加增貿易者領牌分七等按歲繳之於官一等牌費二百圓二等一百二十圓三等八十圓四等四十圓五等二十圓六等十二圓五七等七圓領牌貿易之人身稅另納亦分數等上等六十三圓二等四十圓三等二十五圓四等十二圓餘照尋常身稅賤至負販貧至傭工僅敷餬口歲暮亦需完納無則監禁刻酷虐暴至於如此此歐洲各國之所無而法人悍然行之而罔顧嗚呼豈第苛政猛於虎哉額設駐防法兵三千人招募土兵六千人近因東京之役調往土兵四千法兵二千前時稅額歲收三

百餘萬撥充兵餉猶且不敷近則歲收餉銀一千二百餘萬積有贏餘解回本國前時出口之米不過三百萬石近則千餘石皆運往粵東者出口米稅每石計抽一角五分歲收約一百八十萬圓承賫鴉片公司以前不過二十餘萬圓近則遞增至一百二十五萬圓去年欲徵房室窗門捐以東京之役姑從緩議法人征榷之苛無微不至如此早餐已畢偕劉觀察王司馬往招商局訪張沃生觀察張君居西貢三十年開設宏泰昌字號專辦米石回華近招商局延其兼辦張君豪邁好客有八男四女長嗣中式已卯舉人自建洋房連甍接棟悉賃於人另有洋樓一所宏敞罕倫壯麗莫匹法人賃之作稅館兼鴉片公司鴉

片本歸華人承商其地甚形熱鬧有粤人戲園日夕開演前年法官以華商承辦餉項愈增獲利必鉅遂自開辦以此漸致冷落惟堤岸一埠貿易尙盛相距十三里許已設火車鐵路以便往來現又新築一路達美拖埠不日即可竣工氣候甚熱每歲夏秋雨冬春晴禾穀豐盈十數年前米百斤銀四角食物一切皆廉今則增至十倍法屬地中華人多於土人咸娶土人爲眷屬男女竝吸洋烟以是煙稅愈增洋人貿易者自午至申暫憩以避炎熇申正二刻偕張君乘車遊園園有二虎毛色斑斕龐然巨物猴猿禽鳥俱在鐵籠中馴擾不驚飛鳴自得土人率皆茅屋男衣不過臍女衣僅蔽膝赤足行烈日中無所畏也官紳

亦徒跣服短後衣屋宇雖以磚石建築而制甚卑入必低首喜食檳榔唇齒皆黑婚嫁喪葬略同華禮亦同中國文字子弟入塾訓以詩書教以孝弟遵循孔孟之教自法人來習俗爲之一變矣幼必讀洋書佶曲支離染濡已久十年之後五經六藝之道自此絕矣不誠可憂哉游畢過回張君設席相款情意甚渥是夕借宿局中翌日回舟舟子云向例泊舟一日今日糧食接濟東京須俟運畢然後動輪舟中熱甚不可耐仍返招商局張君具酒備肴作咄嗟筵鈞再三力辭張君謂此地主之誼所應爾也此間有酒樓三所其烹飪之旨否不可不一試也因詢北甯事則言法人詭秘已甚勝則鋪張敗則諱匿近日華人居此

深受法人之淩辱殊可憤恨午間新會李沛桎訪沛之乃翁此間鉅商也李君曾往法京肄習西學三年客歲始旋西貢前曾見之於巴黎今聞我輩來特邀往小飲耳以張君早已備讌未能如約旋回訪李父未值乘車游各處村落略觀風景晚餐既畢同往堤岸觀劇適演三國時事甲冑冠裳扮演略同惟徒跣登場爲可異耳音樂寂寥惟鑼鼓笙笛而已觀畢返舟熱不成寐初八日咯血疾復發連日勞頓所致辰初張李兩君至船送行各以肉桂一枝相贈云乃越南之精品也清談至巳初始別去余聞步舵樓有老者來前稱鈞爲老公祖異而詢之乃知爲新會陳姓以鈞臺與趙氏爭久不決余爲之剖斷案始結因此

識余茲從金邊國回遂問其國情形曰幅幀縱橫不過二千餘里與西貢僅隔一海都城尚在內地有長江可直達焉昔年屬於暹邏近爲法國所據視爲外府等諸西貢雖設國王僅擁虛位而已中土人居其地者三十餘萬長子孫居田園有歷至數代者今法人亦援西貢例令納身稅虐政害民難以盡述其地所產爲魚鹽每歲春夏之交必發洪水一二月間水始退滿地皆魚民收而販之外埠以數一年食用今粵人所食鹹魚蓋多由金邊國來者此外所產則有紫榆黑木金邊陸路可達滇南法之深謀遠慮於此可見矣言竟余亦爲欷歔弗置巳正解纜向西行未正出口折而東北行初九日南方隱隱見山乃越滇

連界處初十日風大浪湧體中不慊延醫診治十一日清晨遇霧停輪申初霧氣稍開船復行戌正一刻抵香港自西貢至香港計程三千四百七十里行三晝夜二時有半從馬賽啟程至此凡三萬有八百里釣力疾載塗所經各處紀載既慚疏略詢訪未及周詳所謂問俗採風賦詩見志者概闕如也幸得劉觀察同行得不寂寞古道熱腸令人感佩無已舟中無事時與之議論當世上下千古識高見遠洞燭西情更令人歎不可及已登岸往訪王廣文紫詮則已於三月初旬廻帆歇浦矣聞將卜築於莫釐鄧尉閒結廬小隱伏而不出矣十年老友萬里相睽而既至淇地仍復不得一見其爲悵悵何如哉

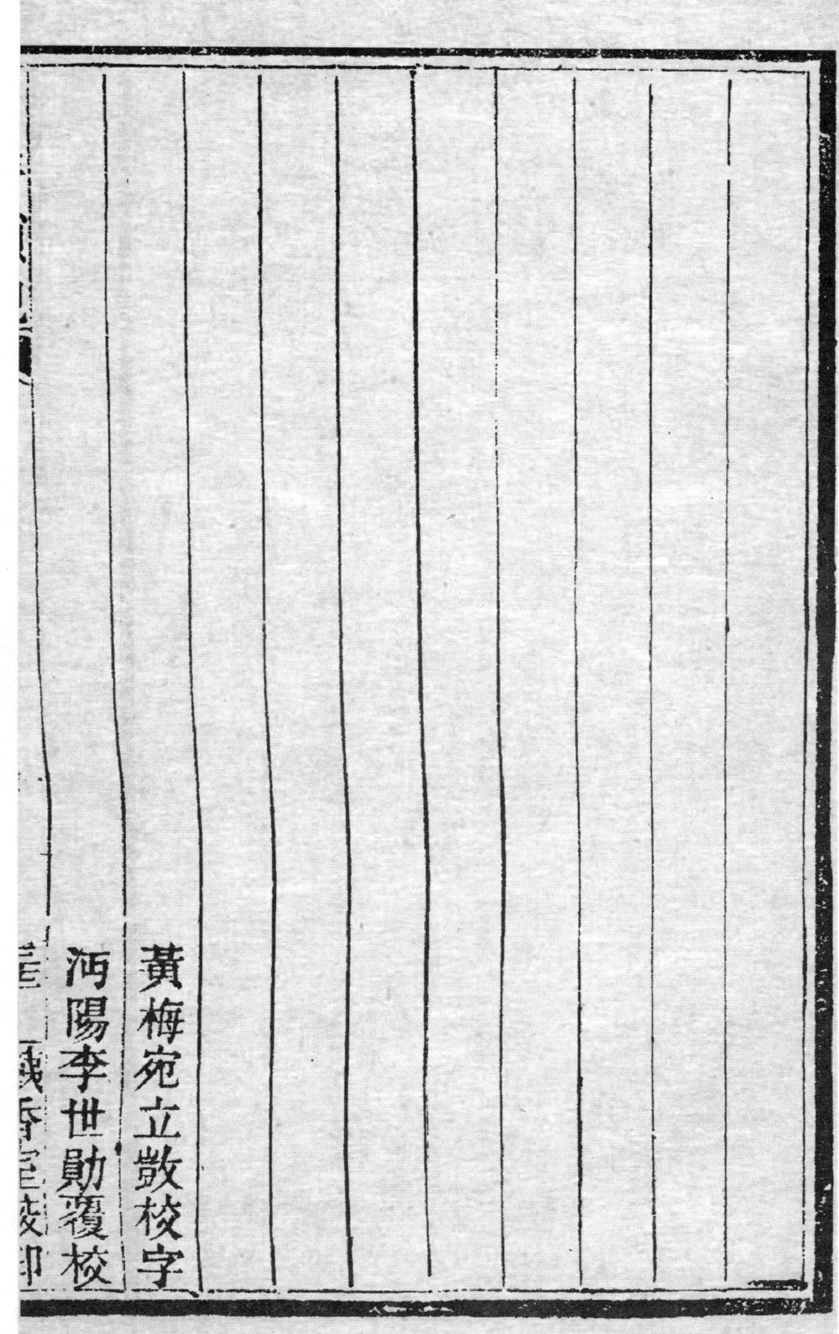
黃梅宛立敬校字
沔陽李世勛覆校